领导心理学

鞠强 著

复旦大学出版社

内容简介

本书以心理学为分析工具，详细解剖了领导工作中常见的各种难题，并提出了详细、科学的应对方案，具有高度的实用性和可操作性。本书主要内容有开会的心理技术、表扬与批评的心理技术、奖罚的心理技术、应对加薪要求的心理技术、管理从松到严的心理技术、管理攀比收入的心理技术、提高领导影响力的心理技术、提高下属批评承受力的心理技术、控制"老好人"现象的心理技术、采购回扣控制心理技术、管理小道消息的心理技术、杰出领导者的心理特征等。最后一章概述了领导层的常见病，包括糖尿病、高血压、顽固性头痛、甲状腺结节、皮肤病、肥胖症等，分析了这些疾病背后的心理诱因，为治疗开辟了新路。

前言 Foreword

本书是作者理论与实践高度结合的成果，作者以心理学为分析工具，详细解剖了领导工作中的各种常见难题，具有高度的实用性和可操作性，是实际工作者良好的学习用书，也是作者 EMBA 教学用的经典教材。

本书主要阐述了开会的心理技术、表扬与批评的心理技术、奖罚的心理技术、管理从松到严的心理技术、应对加薪的心理技术、提高下属批评承受力的心理技术、控制攀比收入的心理技术、提高领导影响力的心理技术、控制"老好人"现象的心理技术、控制小道消息的心理技术、改造员工不良行为的心理技术、时间管理的心理技术、思想工作的心理技术、杰出领导者的心理特征等，都是实际管理工作中的问题，本书给予了详细的、实用的、可操作的、科学化的应对方案。

本书最后一章概述了领导阶层常见病：糖尿病、高血压、顽固性头痛、甲状腺结节、皮肤病、肥胖症等的心理因素，为治疗开辟了新路。

本书课程也是作者教授自己弟子的必修课之一，是成为杰出管理者的基础课程。

领导心理学

第 一 章	领导概论	001
第 二 章	开会心理技术	019
第 三 章	表扬与批评的艺术	035
第 四 章	奖罚心理技术	047
第 五 章	应对加薪要求的心理技术	057
第 六 章	从管理宽松向管理严格转型的心理技术	064
第 七 章	管理攀比收入的心理技术	069
第 八 章	提高影响力的心理技术	074
第 九 章	提高下属批评承受力的心理技术	087
第 十 章	控制"老好人"的心理技术	093
第十一章	采购回扣控制心理技术	100
第十二章	管理小道消息的心理技术	106
第十三章	如何提高时间利用率	111
第十四章	杰出领导人的二元心理特质	117
第十五章	行为调控的强化理论	121

第十六章　组织文化建设 …………………… 139

第十七章　西方领导心理学基础理论 ………… 165

第十八章　鞠门学派基础哲学：二元相对平衡管理
　　　　　哲学 …………………………………… 186

第十九章　领导阶层的心身疾病概述 ………… 216

领导概论

第一章

第一节 领导与企业领导的含义

一、领导的定义

关于领导的定义,有很多种说法,甚至有人为此写出过洋洋洒洒六七万字的学术论文。我的任务不仅是描述现象,更重要的是能够解决现实问题。在这里,我们不要陷入咬文嚼字的争论,而应该把重点放在如何解决丰富多彩的实际问题上。

为了使本书前后概念一致,便于读者理解,我们把"领导"定义为:设立组织目标,通过对组织成员进行行为强化管理,并在组织成员思想中建立行为准则,调动人的行为,以实现组织目标的过程。

这个定义的要素有6点:

1. 首先要为组织设立目标

领导工作的重要任务,就是为组织设立目标。没有目标的组织是无法凝聚人的组织。领导过程中的目标设置必须做到以下几点:首先,这个目标必须相对于组织成员大多数人的共同价值观而言,是有价值的;其次,通过组织成员努力奋斗,也是可以达到的;最后,这个目标最好是富有社会意义的。

2. 对组织成员进行行为强化管理

首先满足组织成员的需求,是领导首要的工作方法。

这里要引起特别注意的是:人的需求的含义是非常广泛的,它既包含物质需求,也包括精神与心理的需求。美国心理学家马斯洛认为,人的需求分为五大层面,即生理需求(衣食住行的需求),安全需求(生命、财产、职业的安全需求),社交需求(能够爱他人与被他人爱、能够被团体接纳),尊重需求(获得他人尊重、有社会地位、对自己有信心),自我实现的需求(自感到能力已经充分发挥)。

最新的研究还提出，人的需求应该还包括：对美感的需求（喜欢美的东西），实现社会理想的需求（按照自己的愿望改造社会），爱心需求（关心别人、对他人施以爱心）。

作为领导必须意识到，人的需求是相当复杂的；对需求的满足，绝不仅仅是通过金钱可以实现的。

其次是进行惩罚，形成心理压力，减少组织成员违反规则的概率。

惩罚是领导人率领组织成员实现组织目标过程中不可缺少的手段。

适度地惩罚可以更大程度地激发组织成员的潜力，抑制与组织目标相违背的行为冲动。但是在惩罚过程中，必须使组织成员明确知道：惩罚是为了组织更好地发展，也是为了个人更好地发展。一旦组织成员认为"惩罚是组织遗弃自己的信号"，那么该组织成员很有可能主动脱离组织。因此，惩罚的度在于：不能让成员形成"这是组织遗弃自己的信号"的感觉。

目前，美国有一种说法，认为领导的过程不应包含"惩罚"的内容。这是因为，在美国企业当中，员工外部的压力已经很大了，再惩罚，将使员工不堪重负。当然，这么说也不排除是出于某种商业需要，至少，呼吁减轻员工压力的观点可以吸引大众的眼球。但是，人们只要理智地思考一下，就会提出这样的反问：毫无压力感的组织成员真能被领导吗？答案显然是否定的。

3. 在组织成员思想中建立行为准则

通过满足组织成员的需求，以及对组织成员惩罚，可以在组织成员身上形成达到目标的行为趋势。但是，并不意味着组织成员本能地能够明白可以用什么方法来达到目标。这就需要在组织成员的思想中，建立必要的行为准则。唯此，组织成员才能更为有效地、自觉地为实现组织目标贡献力量。

4. 领导是对人的行为的调控

领导是对人的行为的调控，而不是对物质形态的调控。

领导心理学是研究人的学问，而不是研究资金、生产、营销等问题，研究这些问题叫管理学。

5. 领导是一种过程

领导是调动人的行为以实现组织目标的过程。

本书的"领导"不是指"人"——这是日常生活中领导的含义。我们日常生活中所说的领导，有时指一种领导过程，但大多数时间是指某个特定的人。另外，领导既然是一种过程，那么必然是动态的，而不是静态的。领导心理学的研究也必然是动态研究，而不是静态研究。

6. 领导是通过组织来运作的

何谓"组织"？组织就是人与人之间存在着分工协作，互相依赖、互相支持、有机统一的人群团体。没有内部分工的团体，是不能被称为组织的，它只是乌合之众。这种乌合之众一旦遇到挫折，往往立刻作鸟兽散。另外要说明的是：领导之所以产生，就是因为有分工协作的基础。有了分工协作，就需要有人布置任务、协调矛盾、统一思想。这样，领导就产生了。

二、有效的领导

领导的行为可能有效地实现组织目标，领导可能是优秀的，也可能是低劣的。

那么，什么是优秀的、有效的领导？

优秀的领导有两项准则：

1. 实现目标的代价小

一个组织虽然实现了组织目标，但其所付出的代价巨大，所谓"杀敌一万、自损三千"，则该组织的领导不能称为好领导。就企业而言，优秀的领导能以最经济的方式达到组织目标。

2. 完成目标的程度高

领导工作的好与坏,要以事物发展的结果来评价,而不能以事物发展的过程来评价。达到目标的程度越高,领导工作就越好。

曾经有一段时间,人们关注的是领导的"态度"与"表现",至于"结果"则总是另当别论。这种只注重领导过程的形态,实际上是农业经济时代的典型特征。因为,在农业经济时代,人们征服自然的生产力水平有限,所以创造经济效益的大小,往往要看老天脸色的好坏。领导所能体现成效的领域,只有态度与表现。领导管理的结果因为非人力所控,只能相对轻视。然而,人类进入了知识经济时代,人对自然的改造能力增强了许多,只有通过体现结果、实现目标,才能显示领导的成效。

三、领导与管理的区别

领导与管理的区别主要表现在四个方面:

第一,领导主要体现在对人的行为进行调控,而管理还包括对物和资金的调控。

第二,领导的重要职责之一是提出目标,描绘人们要为之奋斗的路线;而管理主要侧重于实现目标的具体方法。

第三,领导的方法在很大程度上体现艺术化特征,数量化的科学成分较少;而管理的方法在很大程度上强调严谨的科学性,艺术化的成分较少。

第四,领导大量运用直觉,管理则相对排斥直觉。

四、企业领导

企业领导是领导的一个组成部分,企业领导既要根据领导的一般原则,又必须结合"企业是一个经济组织"这一特殊情况。企业领导是将这些共性与特性相结合的领导过程。

五、领导心理学

领导心理学是研究领导心理规律的学问,企业领导心理学是研究企业领导心理规律的学问。领导心理学与企业领导心理学是指导领导人与企业领导人更加有效地进行领导的理论。

第二节 中国古代管理思想

中国有着五千年的文明史,有文字记载的历史也有两千年之久。古代中国虽没有在文字上形成一部全面而又自成体系的领导心理学全书,却创立了许多非常实用的领导哲学。这些领导哲学主要体现在国家的管理、各级政府的管理、军队的管理、家庭的管理、民间组织的管理,甚至是非法组织的管理(如落草为寇的组织)。在这些管理实践当中,我们还是可以梳理出比较明晰的脉络。

中国的传统文化是一个与西方文化完全不同、自成体系的文化。为了更加清楚地说明我们的观点,我们采取中西对比的方法来阐述中国古代管理的特点。

西方近代管理思想的主要特点是:认为人的本性是恶的,绝大多数人都是为自己谋私利,只要外部环境允许,就会干对自己有利而不利于公众的坏事。所以,西方近代管理思想的主要原则是使人没有办法干坏事。而这种"使人没法干坏事"的主要手段,就是以自私控制自私,建立互相制约的机制。

中国古代管理思想的主要特点是:认为人的本性是善的,人之所以会干坏事,是因为某些不良的因素掩盖了人的善良本性。所以,中国古代管理思想的主要原则是设法去掉这些不良因素。而去掉这些不良因素的主要手段,就是对人进行教育。

西方的"性恶论"认为:大多数人的本性是恶的,牺牲自己的利益来为公众谋福利的人虽然也存在于人群之中，但这种人似乎屈指可数，其行为不能作为人群的普遍现象而加以归纳和提倡。

中国古代的"性善论"则认为：大多数人的本性是善的，少数本性无法改造的败类，虽然也难免混迹于人群之中，但这种人不代表大多数。

我们把中国古代管理思想与西方近代管理思想进行比较，尽管在年代上似乎不相匹配，但其共同点在于：这两种思想是形成中西方管理模式泾渭分明的核心所在。从这两种思想的研究入手，才能比较全面地看清中西方管理的脉络。所以，只要能弄清楚问题，年代时间上不匹配是无关紧要的。

西方近代管理的主要手段是制约。比如，美国的"宪法之父"富兰克林在起草美国宪法时，曾提出过这样的观点：美国国家权力机构的设计，就是要假定不幸选举出了一个"恶人"当总统，这个总统在这样的一个组织机构当中，也无法或者很难干坏事。虽然"恶人"当总统的可能性是很小的，但是美国国家权力机构的设计并不排除这种可能。另外，人们即使在选举过程中选出一位"好人"当总统，但是由于缺少外部制约，"好人"总统的自私本性也会爆发，也完全有可能利用公共权力为自己谋私利。所以，人们只有通过组织机构的制约来抑制各种私欲的爆发。

事实上，美国宪法所规定的国家权力机构确实做到了"让总统无法干坏事"。比如尼克松的倒台、克林顿的审判都说明了这一事实。西方的企业及其他社会组织的机构设计，也都隐含着这样一个前提假设：人的本性是自私的，人是有可能干坏事的。

最近一段时间，有许多美国人提出，在管理中要提高对人的信任，因为在美国管理中对人的信任太少。可与之相比拟的是：好莱坞的电影总是推出激动人心、忠贞不渝的爱情故事，其原因也就在于现实的美国社会中这种爱情太少了。

在这种理念支持下，美国企业的管理监督控制措施是比较严密的。

中国古代管理的主要手段是：对人进行强迫教育，通过教育去掉人的私心杂念，所谓"存天理，灭人欲"。中国人认为"人之初，性本善"。教育的手段当中，科举制度就是典型体现。一个人通过十年寒窗，苦读那么几本"四书五经"，书上反反复复讲的又都是"忠孝仁义、忠君报国"的道理。一个文人从童生到秀才，到举人，到进士，经过数十年的死读书，必然把忠君报国思想观念溶化在自己的血液里，深刻地体现在行动中。然后，通过科举制度的选拔，才能成为合格的国家栋梁。所以，中国古代的各级官员，总体上具备很强的社会责任感。

在中国的历史长河中有一种十分奇怪的现象：在自给自足的小农经济基础上，却能够建立起庞大的、统一的国家，而且统一的时间很长。这种现象，在同时代的其他国度从来没有产生过。其他文明古国——波斯帝国、马其顿王国、阿拉伯帝国、古罗马等，其强大与统一的历史都是瞬间的辉煌。一个重要原因就是：其他国家没有较高忠诚度的官僚群体。

在中国的历史上，主政的皇帝经常昏庸无能，却依然能稳坐皇位、颐养天年。国家也并未因为皇帝的不理朝政而四分五裂，各级政府机构照常运转。其原因就在于：政府部门的各级官员，都是通过科举选拔出来的饱学之士，他们满脑子忠君报国、君臣大义、存天理灭人欲，以及君君、臣臣、父父、子子，这样的官员造反的概率当然是比较小的。

据史料记载，明朝万历皇帝四十年不临朝，其政权依然坚如磐石。万历皇帝幼年的时候，首辅张居正手握大权，完全有机会与能力取代皇上而自立，但是他根本没想过那样做。诸葛亮当然也完全可以取代刘禅当皇上，但他也没那样做。曾国藩手握天下重兵，但他一心死保清朝。由于官禄功名的诱惑，促使中国古代的有志之士将几本四书五经的"小册子"翻来覆去读上十几年，那么，这些读书人必定对书上的内容信以为真了。历史上的"铁杆保皇派",在知识分子当中所占的比率,远远高于其在工商、农民、市民阶层中的比率,例如岳飞、文天祥、袁崇焕、史可法、张煌言等,都是古代知识分子的典范。

当代人对中国历史中那段"死读书"的情景,抱有强烈的反感情绪,认为集毕生之才华精雕细琢于几篇八股文,迂腐至极,十分可笑。其实,他们是没有看到事物的本质。"八股文"的作用,在于使人读书的主题仅限于"四书五经",而"死读书"的作用,又在于使人牢固形成忠君报国的思想。从维持社会稳定、国家统一这个意义上说,"死读书""八股文"是有积极意义的。被当代史评家赞誉为明君的清朝乾隆皇帝,就曾对科举制度以及八股文的作用给予高度评价,所谓"淳人心、正风俗"。当然,科举体制抑制了人的创造性、阻碍了科学的发展,也使得中国科技与经济在进入近代史以后,开始走上日趋没落的黄昏之路。

对教育作用的高度重视,导致在20世纪五六十年代,我国还经常出现对民众进行大规模的教化行为。

当时,企业既不向员工发放奖金,也不能给员工加工资,更没有开除员工的权力。那么,那时企业的领导是如何管理员工的呢?曾经有过这样一件"茶壶里面阶级斗争"的故事:

> 某厂某车间是个出名的工作混乱的车间。上级派了一名富有经验的老干部到这个车间当党支部书记。
>
> 该书记到任后,开始着手整顿工作纪律。他首先睁大警惕的眼睛,想抓几个反面典型事例,恰好看见一个青年在上班时间喝茶。那泡茶的茶壶更是一把雕龙绘珠、有强烈仿古色彩的紫砂茶壶。青年一边喝茶一边非常陶醉地嘀咕着:"好茶!好茶!真好喝!"
>
> 支部书记一看,立刻感到机会来了。他对青年说:"年轻人,

你是否知道这把茶壶里头蕴藏着两条思想路线的激烈斗争。你是否知道你上班时间喝茶其实质是小资产阶级享乐思想的体现。你跟我来,到办公室去谈谈心。"

大帽子一扣,那年轻人果然被吓坏了,乖乖地聆听了书记的一番谈心。最后,党支部书记让年轻人回去写一份检讨,要他深挖思想深处的腐朽东西。

年轻人写了检讨交给党支部书记,党支部书记认为:检讨不够深刻,退回重写。如此这般,检讨前后被打回十几次以后,年轻人终于写出了一篇令党支部书记满意的检讨。年轻人在这份检讨中写道:"我之所以上班时间喝茶,主要是由于私心杂念在作怪。我要提高警惕,狠斗'私'字一闪念。"又在检讨的最后表决心道:"私字缩小放大斗,私字隐藏揪出斗,私字逃跑追着斗,私字连心揪心斗"。

然后,党支部书记召开了全体车间员工大会,责令年轻人当众做检讨,又组织人对其进行猛烈地批判。最后,党支部书记带头振臂高呼口号:"灵魂深处闹革命,狠斗私字一闪念。"全场群情激奋,热烈响应。

从此以后,这个曾经混乱不堪的车间里,员工都感到了一种无形的压力,工作纪律涣散的状况迅速改善,劳动生产率明显上升,党支部书记也被树为了"抓革命、促生产"的典型。

中国古代管理强调教育,通过教育来改造人的思想;近代西方强调制约,通过制约来抑制人的私心杂念。这两种观点都有一定的合理性。目前,两种管理哲学有逐渐融合的趋势,在实际的管理工作当中,可以综合运用。

领导心理学在西方已经发展了多年,其中许多理论放在中国仍旧有实用价值,但是完全照搬西方理论肯定是行不通的。我国是文化大国,华人的智慧世人公认。近年来,我国国力变化巨大,许多事实证明,我们完全没有必要妄自菲薄,我们应该有勇气去修正西方理论,形成具有中国文化特色的领导心理学。这才是真正的科学态度。

第三节 西方领导心理学发展概论

对领导心理学的系统理论研究源自国外。20世纪初,国外已经出现了领导心理学的理论研究。领导心理学是从管理学发展而来的,自20世纪四五十年代以来,在管理科学日臻成熟完善的基础上,领导科学的研究也获得了重大发展。经过近一个世纪的发展,与管理学的发展相适应的西方领导心理学也发展到相当的高度。追溯其发展的历程,我们可以将西方对领导心理学的系统研究分为三个阶段,即性格理论阶段、行为理论阶段和权变理论阶段。

一、性格理论阶段

在领导心理学形成、创立、发展的很长一个时期内,西方对领导心理学的研究、讨论主要集中于什么样的人才能成为一位有效的领导者,有效的领导者一般应具有什么样的领导水平。理论界普遍存在着这样一种观点:任何企业、单位中有效的领导者都可以通过对该领导人所具有的性格特性分析来识别。一般来说,有效的领导者都必然具有一些共同的性格特征。这一理论就是领导特性理论,也可称为领导性格理论。这一时期,很多学者对这些性格做出了多种多样的归纳总结,其中吉赛利的性格理论最为典型。

20世纪60年代,著名心理学家吉赛利经过长期的研究探索,在其著作《管理才能探索》中,将有效的领导者的共性特性归纳为以下几个方面:

(1) 才智：即领导者在语言和文学方面的才能,有效的领导者往往都是口才极佳、文笔优美。

(2) 创新精神：即开拓创新的愿望和能力。只有具有极强的创新精神,对任何事物都保持着极强的创新欲望,并且有能力进行这种创新的人,才有可能成为有效的领导者。

(3) 督察能力：即指导监督别人的能力。领导的重要工作之一就是对组织成员进行指导、进行监督,没有这方面的能力,根本不可能成为一名有效的领导者。

(4) 自信心：有效的领导者大都自我评价很高,自我感觉良好。

(5) 适应性：有效的领导者具有很强的亲和力和适应性,善于与组织成员沟通信息、交流感情。

(6) 判断能力：有效的领导者大都处事果断,对突然变化的情况能做出迅速、正确的反应。

(7) 性别：对于领导能力,男性和女性有一定的区别,一般来说,男性领导者比女性领导者工作更有成效。

(8) 成熟程度：有效的领导者一般都具有较为丰富的经验和工作阅历。

除了个性特征以外,吉赛利认为有效的领导者还应有五种激励特征,即其共性的需求：

(1) 对工作稳定的需求；

(2) 对物质金钱的强烈欲望；

(3) 对地位权力的追求；

(4) 自我实现的愿望；

(5) 成就事业的需要。

吉赛利就上述特征对领导者的影响进行了具体分析。他认为才智、地位、权力的需要、督察能力、成就事业的需要、自我实现的需要、自信心、判断能力等是最重要的因素,而与对物质和金钱的追求、工作经验、性别等的关系较小。

除吉赛利外,其他许多领导心理学家也纷纷提出了自己的领导特性理论,描述了类似的有效领导者的共性性格,除了上述特征,还有体格健壮、长相俊秀、待人温文尔雅、有野心等。这一阶段对领导人的研究主要集中于研究有效领导的性格特征,是领导心理学研究的初步阶段。

二、行为理论阶段

1927~1932年,梅奥教授主持了著名的"霍桑实验"。其后不久,管理学界出现了一系列的行为科学理论,以马斯洛的需求层次论、赫茨伯格的双因素理论、道格拉斯·麦格雷戈的X理论和Y理论、乔伊·洛尔施和约翰·莫尔斯的超Y理论为代表,西方管理学界形成了行为科学学派。

作为一门派生于管理学的新兴学科,领导心理学与管理学存在着千丝万缕的关系。随着管理学理论深入到行为科学阶段,相应地,领导心理学的研究领域也出现了大量研究领导者领导行为的著作和理论,我们将领导心理学发展史上的这一阶段称为行为理论阶段。

这个时期,大量领导心理学者纷纷著书发表自己对领导心理学的见解,批驳了领导特性理论,提出了不同的看法,归纳起来大致有以下观点:

判断一名领导者是否成功的标准,往往并不是该领导个人的性格特征,而是这位领导者采用了什么样的领导方式,其领导作风如何,即领导者在具体工作中如何做,这些理论我们可以称为领导行为理论。

领导行为理论将不同的领导方式大致归为三种类型:

(1) 专权型领导:领导者个人决策,自己决定一切,布置组织成员执行。

(2) 民主型领导:领导者和组织成员一起讨论,共同做出决策。

（3）放任型领导：领导者放手让组织成员自由发挥，自己撒手不管。

对什么样的领导方式是有效的领导行为，领导心理学学派内部也存在不同的看法，下面是几种当时比较流行的领导行为理论。

1. 领导连续统一理论

领导方式是多种多样的，有的领导以自己为中心，个人大权独揽；有的领导则以组织成员为中心，充分授权。从以领导人为中心到以组织成员为中心，这中间存在着一系列的领导方式，有着多种过渡形式。美国学者坦南鲍姆和施米特在此基础上提出了"领导连续统一理论"，他们认为，这一系列领导方式无所谓正确、错误，因为领导方式是一个开放系统，它要受到组织外部环境和组织内部条件的制约，在不同的环境条件下，可以采用恰当的领导方式。这些方式最主要的区别就在于领导者对组织成员的授权程度不一。当形势多变，需要果断决策时，领导方式以专权型为宜；当内外部环境比较稳定时，可以让员工适当参与决策，这时领导者应提供这种可能，也只有这样才能取得较好效果。

2. 员工参与管理模式

美国学者利克特认为：有效的领导者应该与组织成员充分沟通信息，在组织全体成员中建立一种团结一致的关系。在这一理论中，利克特提出了四种领导方式。

（1）专权—命令式：领导做出决策，发布指示，并要求组织成员无条件执行，当员工表现出色时很少采用奖励手段。领导习惯于采用惩罚的手段。信息流通一般是单向。

（2）温和—命令式：领导者采用奖罚手段调控员工，在一定程度上听取下级意见，对下级进行适当授权，并利用强大的监控系统进行控制。

（3）商议—讨论式：领导者充分听取下级的意见，尔后做出决策，上层领导者做出重大决策，下层管理者进行具体的决策。

（4）集体参与式：领导者提出富有挑战性的目标，允许下级根据这一目标做出决策，制定实施规划。整个组织具有良好的气氛，信息沟通渠道畅通。

利克特认为，采用"集体参与式"领导方式的领导者是最有效的领导者。采用这种方式，可以有效地制定并实现目标。在这样的组织中，员工个人的目标和企业的目标能很好地融合在一起，员工的工作积极性和创造性能得到充分发挥，员工参与程度越深，对员工积极性和创造性的调动作用也越强。

因此，利克特建议领导们采用"集体参与式"的领导方式，以实现更有效的领导。

3. 管理四分图理论

美国还有一些领导行为研究学者提出了管理四分图理论，他们把影响领导行为的因素归纳为工作和关系两部分，根据领导者对工作和关系的所持态度不同，可以形成四种不同的领导行为：

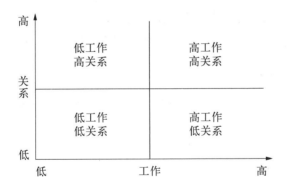

低工作高关系型，这种领导者比较仁慈，他们关心员工，与员工关系融洽，重视关系大于工作，但这同时也有可能导致工作不佳。

高工作低关系型，与第一种领导者恰恰相反，这种领导者重视工作甚于重视与员工之间的关系，较为严厉，重视建立良好的工作秩序和各种责任制，强调对员工的控制，与组织成员关系不是十分融洽。

高工作高关系型,这种类型的领导者对工作和关系同样重视,既重视维持良好的工作秩序,又注意调动员工的积极性,与他们融洽相处,给员工以可敬可亲的感觉,这是最成功的领导者。

低工作低关系型,持管理四分图理论的领导行为学者认为这种领导者是最不合格的,因为他们既不能与组织成员维持良好的关系,又不能控制员工的工作,效率低下。

因此,他们认为在领导活动中最好采用高工作高关系型,而避免低工作低关系型的领导方式。这样,既能保证很高的工作效率,又能在企业内部保持一种良好的气氛。

4. 管理方格图理论

学者布莱克和穆登在管理四分图理论的基础上,更进一步提出了管理方格图理论,管理方格图如下所示:

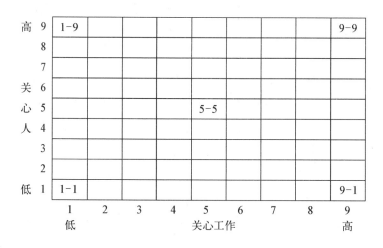

在管理方格图中,横坐标表示领导者对工作的关心程度,纵坐标表示关心人的程度,包括对员工的关心程度、环境状况、人际关系等。根据领导者对工作和人的关心程度的不同,可以有 $9 \times 9 = 81$ 种不同的领导方式,其中有 5 种具有最典型的意义。

1-1 型,领导者既不关心人,也不关心工作,整天无所事事,是典型的贫乏型管理,常见于某些效益不佳的企业。

9-9型,即集体协作型,领导者既十分关心人也十分关心工作,注意结合集体和个人的目标,效率较高。

1-9型,俱乐部型,领导者十分关心人,对于工作却并不十分在意,工作环境融洽,员工工作愉快、相处友好,但工作目标不易实现,效率不是很高。

9-1型,任务型领导方式,领导者关心工作,重视企业目标的实现,企业内存在严格的制度和奖罚条例,但对员工的关心明显不够,员工积极性不高。

5-5型,中间型领导方式,领导者对工作和员工都有一定程度的关心,兼具1-9型、9-1型的优点,但同时也不可避免地存在两者的缺点。

布莱克和穆登通过以上分析,向领导者说明9-9型领导方式是最有效的,在领导工作中既要民主,又要集权;既要关心工作的完成,又要关心企业员工。

三、权变理论阶段

随着对领导心理学研究的进一步深入,西方领导心理学界出现了一种全新的理论——权变理论。

持权变理论的领导心理学家认为在领导实践中根本不存在一种"普遍适用"的领导方式,因为领导工作会受到领导者所处的客观环境的明显影响,领导和领导者是既定环境的产物,用公式可以表示为:

$$S=F(L,F,E)$$

式中,S代表领导方式,L代表领导者特征,F代表追随者特征,E代表环境。这个公式表明,某种领导方式是否有效,与领导者特征、追随者特征和所处的环境成一定的函数关系。

在形形色色的权变理论中,菲德勒的领导权变方式理论是其中比较具有代表性的一种。菲德勒认为，任何领导方式都可能在一定的环境内有效，而这种环境是企业所处的多种外部和内部因素的综合体。

菲德勒的领导权变方式理论所描述的环境具体可分为职位权力、任务结构和上下级关系三个方面。其中，职位权力是指领导者的法定权、强制权、奖励权的大小。领导者的权力越小，员工遵从领导命令的程度也越低，领导环境就越差；反之，则越好。任务结构表明任务的明确程度和部下的负责程度。上下级关系是下级愿意追随上级的程度。下级越尊重上级，下级越愿意追随上级，表明上下级关系越融洽，领导环境也越好。

在这种权变理论中，我们可以用问卷的形式来判断领导者的领导方式。通过询问领导对周围与自己合作同事(LFE)的评价，可以从很大程度上测定领导者的领导方式。如果领导者的评价采用的词语大多含有敌意，则该种领导者在日常工作中往往会采取工作任务型的领导方式，即低LFE型领导方式；而如果这种评价大多表现为善意，则这种领导者倾向于采用人际关系型的领导方式，即高LFE型。

菲德勒认为，环境的好坏对领导的目标影响巨大。以工作任务型的领导为例，这种类型的领导十分重视工作任务的完成，当环境较差时，这种领导首先会致力于工作任务的及时完成；当环境好转时，任务完成不成问题时，这时领导的目标就转为搞好人际关系。反之，人际关系型领导一般情况下都比较重视人际关系，将人际关系放在首位，而一旦环境比较好时，这时企业内部人际关系往往比较融洽，这时他就会转而追求完成工作任务。

20世纪90年代以来，随着决策科学、目标理论、战略理论等一系列管理理论和方法论的突破和广泛应用，尤其是新科技革命、信息革命的日新月异和经济全球化的进一步加剧，西方领导心理学也在进行着深刻的变革，在领导体制、管理体制、组织理论、领导观念、用人观念、激励理论等方面都在进行着一系列的变化，以适应环境的急剧变化，指导企业的具体领导实践。

开会心理技术

第二章

自从有了文字记载，人类就已经有了会议。

在针对不同对象的各种管理程序中，在计划、组织、指挥、协调、控制的各个方面，都必须依赖会议来辅助实现其管理功效。但令人惊讶的是，很少有人花工夫来检讨自己的开会技巧，提升自己的开会效率，以及培养下属的开会艺术。在许多企业当中，我们发现，很多会议形存实亡，浪费了企业管理的宝贵时间。

掌握正确的开会技巧是做好领导管理工作的基本功。随着企业员工人数的增长，在领导者的工作内容中，通过开会来提升管理效率的比重越来越大。根据调查，企业员工人数超过1 000人的总经理，其中70%的时间是主持或参加各种会议。所以，我们可以这样认为：不懂开会的领导者绝不会是一个称职的领导者。当然，我们也不能绝对地认为，懂开会的领导就是好领导。因为，开好会议是当好领导的必要而非充分条件。

会议有以下六项功能：

（1）信息沟通。通过会议，可以传达上级的意图，公布企业整体状况，了解下属工作情况，明了下属思想情绪状态，及沟通其他信息。

（2）生成方案。通过会议的研究讨论活动，可以产生解决问题或展开行动的方案。

（3）统一思想。通过会议，可以融合各种不同的见解，达成一致的思想，以指导组织的各个部分在核心思想指导下协调一致地行动，增强了组织的协调性。

（4）产生权威。通过会议形成的决议常常比单纯的行政命令更具权威性，因为会议决议含有民主的成分、集体的智慧，反对会议决议一定程度上就是与众人作对。比如，全国人民代表大会的决议对全社会的影响力和冲击力，就比一份单纯的红头文件或行政命令强。

（5）地位象征。按照我们中国人的价值观念，许多人认为，参加会议越多表示社会地位越高，因此会议也成为一种地位象征、待遇象征。我们常常发现这样的情况：有的人之所以反对某项方案，小部分原因是他认为方案本身有漏洞，而绝大部分原因是没有请他参加会议，感到自己的地位与尊严受到了藐视。

（6）调节情绪。有些会议并无太多的日常管理实质内容，而纯粹是通过会议来调节与会者的情绪和心态，为某种特定的管理需求服务。例如，誓师大会、保险公司对推销员开的早会（许多保险公司通过给推销员开早会来安慰失败者、鼓励成功者，激励大家拼搏，振奋大家精神）、干部任命会议。

第一节　主持布置任务会议的心理技术

布置任务的会议是最常见的会议之一，布置任务会议的技巧在一定程度上直接影响下属的工作效率。未经专门训练的管理干部在布置任务的会议上常会犯一些原则性错误。

我们主持布置任务的会议，必须注意的原则是"PTSAC 五关键原则"，我们结合事例来进行一番分析。

（1）PERSON（人）。责任一定要指派到具体的人身上，并且一件事一个人负责。

> 有的领导在开会布置任务时，会发布这样的命令："李主任、王主任，你们俩人负责一下新产品调查的事。"

这位领导布置命令的方式就违背了"一件事一个人负责"的原则，正确的做法是："李主任负责这件事，王主任协助李主任完成这件事。"

这样，当任务执行过程中出现差错，那么导致差错产生的责任归

属就非常明确了——由李主任无可推卸地承担责任。如果两个人,甚至两人以上同时负责一项任务,则必然导致责任归属无法落实到具体的人身上,看似人人"责任重大",实则人人都不承担"罪责"。

(2) TIME(时间)。必须限定完成任务的时间,除非不言自明。

> 李主任接受了这项任务后,把任务再行分解、深入布置。并且,在遵循"一件事一个人负责"的原则基础上,限定完成任务的时间。

作为领导者,是否养成"布置任务的同时限定完成任务时间"的习惯,很大程度上会直接影响下属的工作效率。实证研究统计表明,领导者养成给下属"限定完成任务时间"的习惯,可以提高工作效率30%~50%。如果没有限定完成任务的时间,大多数下属"天然地"具有拖延任务的倾向。在极端的情况下,甚至可能把完成任务的时间,拖延得遥遥无期。

给下属限定完成任务的时间,必须告知明确的、数值量化的时间概念。禁止出现越快越好、尽快完成、尽最快的速度完成等模糊的时间概念。须知:所谓"越快越好"之类的范围是十分模糊的,比如三小时、一天、两周、三个月,都可以划入越快越好的范畴。

如果领导无法提供准确的时间限制,也必须预测出完成任务的时间范围。也许这个预测的时间范围存在数值上的误差。但是,比"越快越好"更能产生实际的指导意义。

限定任务完成时间后,是否允许下属突破这一限制呢?在以下两个前提下,可以适当突破:① 理由充分;② 必须在任务执行中期以前,申请延长完成任务的时间。绝对不允许在任务执行的时间限定即将到达或已经到达时,才申请延期。同时,领导者要经常向下属表达这样的意思:经常申请延期完成任务的下属不是能干的下属。戒律在先,往往可以抑制下属发生随意申请延期完成任务的心态。

(3) STANDARD(标准)。明确完成复杂任务的好坏标准,并且标准极具可操作性。

很多领导者异想天开地认为:只要自己明白任务的优劣标准,下属也自然会不言自明。但是调查发现:大多数下属并不能准确地掌握上级的意图。这导致任务完成的效果与领导的期望值相距甚远,甚至南辕北辙、大相径庭。

有个这样的例子:

> 某公司主管营销的副总经理王总,对人力资源部负责培训的小陈说:"公司市场部的人员营销策划的能力比较差,总想不出什么好点子,我想让他们学点东西,你替我去找些老师来,培训一下,提升他们营销策划的能力。小陈,一定要给我找一个好的老师,培训的效果一定要好!"小陈接"旨"照办,请来一位著名的创新学教师,然而,意想不到的是:王总还是批评小陈"没有请到'好老师'"。

事实上,这位王总在布置任务时就存在方法错误。

要提高市场部人员的营销策划能力,可以通过找两种类型的"好老师"来培训。一种是教创新学的老师,通过学习创新技巧来开拓员工思路,提高他们出点子的能力;另一种是教营销策划的老师,通过传授、分析丰富多样的营销策划模型和案例,提供现成的方案,让员工模仿、实践。在这两种老师中,前者属素质教育范畴,后者则是技巧教育。严格意义上,都符合王总所提出的"好老师"的要求。事后得知,王总的实际意图是想找教营销策划模型和案例的老师,小陈却请来创新学的老师,两者的意图有很大的差异。虽然,表面上是小陈没有领会王总的意图,本质上却是王总没有表明自己的意图。之所以没有表

明意图,原因就在于王总以为:同在一家公司,对营销部人员的培训需求,应该不言自明。

告诉下属完成任务的优劣标准,必须是可操作性的标准。有的领导告诉下属"一定要做好""效果要好""只能干好不能干砸""一定要让我满意""要有用"等,这些标准都属于不具备可操作性的标准。因为上述的每一个标准,都可以引发出多种角度、多种标准的理解。所以,领导者在布置任务时,必须要避免使用广义性与不确定性的语言、词汇。

(4) AFFIRM(重复确认)。对复杂的任务要下属重复确认。

这一点对提高工作效率极其关键。

很多人认为我布置任务已经很清晰了,下属理解不会有问题,结果费了很大的工夫,突然发现下属走偏了,浪费了大量人力物力。上面这种情况是极其常见的,沟通发生误会是个高概率事件。

所以,在布置复杂任务时要养成一个习惯:你把任务确认一遍!

(5) CHECK(检查)。要营造上级会随机检查的气氛。

领导者完成任务布置以后,同时必须让下属感到领导会随时亲临现场、检查任务的执行进度。如果下属认为:这位领导布置任务是"前布置后忘记",并且肯定不会来检查进展情况,那么下属在执行任务过程中偷工减料的现象就难以避免了。

何谓"可能去检查的气氛"呢?所谓"气氛",就是下属感觉到亲临现场检查工作进度仅仅是一种"可能",是对员工的一种心态压力。同时,将这种检查定位为一种"可能"、一种压力气氛,还有利于领导者根据自身的日常工作安排,以及对执行任务的下属信任度决定是否真的亲临检查。当然,形成并维持这种气氛,没有别的办法,只能是有选择地抽查下属的工作,以对全体执行者起到警示作用。

当然,如抽查发现没有完成任务,是一定要让下属接受惩罚的,惩罚的大小要与错误的大小相对应,具体见行为强化相关章节。

有人问，上面五条哪一条对工作效率影响最大？我的经验结论是第三条 AFFIRM（重复确认）。

第二节　主持讨论会的心理技术

所谓讨论会，就是通过开会讨论的形式求得解决现实问题的方案。

讨论会是管理工作中相当重要的环节。善于主持讨论会的领导者能够获得尽量多、尽量全面、尽量符合实际需求的建议和方法；不善于主持讨论会的领导者，往往不能从集体的智慧中吸取有益的成分，需要做出决策时，也往往是孤家寡人闭门造车，结果或异想天开、盲目冲动，或畏头缩脑、妄自菲薄。

主持讨论会的原则，有以下十个方面。

（1）议题复杂的讨论会，要提前将议题通告参加会议者，以免讨论缺乏深刻性。

只有提供充分的思考时间，才能让与会者对复杂的议题形成并发表比较深刻的见解。如果临到会议召开时，才将需要慎重考虑的复杂议题提交与会者讨论，通常导致讨论结果流于肤浅，云山雾海而没有结果。

例如，有的领导会上午通知各部门经理，下午讨论明年公司发展战略，或新产品开发，或异地市场产品开拓，或重大的组织结构调整等复杂议题。这样的讨论常常是没有效果的。

正确的方法是：讨论上述复杂的议题，必须在至少一周以前通知与会者做好准备。其间，应该委派秘书督促与会者进行深入思考。如果准备充分，还可以提前向与会者提供书面资料，以支持其形成比较全面的思考。

（2）营造或选择一个相对宽松的环境。

严肃的会议气氛会抑制与会者的创新思维。因此，召开讨论会应该选择比较宽松的环境。在开会之前，主持者也应该率先发起一些愉悦心情的话题，发布一些令人鼓舞的信息，或者讲点笑话，或者请大家吃些点心，之后自然而然地转入主题，并鼓励与会者畅所欲言、坦诚直言。

会议桌最好是圆桌，比较忌讳领导坐在主席位置的长条会议桌，这样特别压抑创新。如果只有长条桌，领导最好坐在非领导位置。

（3）领导不要首先发表自己的见解。

首先，讨论会的主持人一般即是领导者。领导者首先发表自己的见解，就会为会议议题定下基调，限制与会者的思维空间，压抑大家的创新欲望。因为，下属或员工提出与领导者不同的见解，无疑在某种程度上体现对领导者能力的怀疑，甚至否定。如此心态和情绪的产生，将导致百家争鸣的讨论会演变成领导者的独角戏。于是，原本可以产生的博采众长的优秀方案，在与会者的一致沉默当中消失得无影无踪。

其次，领导者也是一个普通人，不是全知全能的"神仙"。领导者以引发讨论为动议而首先发表的见解，可能有漏洞，他的见解通常成为与会者内心批判的众矢之的。这种批判心态的深入与扩大，往往引发与会者窃窃私语或者心中暗语："瞧，我们这位领导真是个糊涂蛋，又出馊主意了。"其结果，必然导致领导者形象受到损伤。

如果领导者处于讨论会尾段发言——将自己对他人观点的认同标准，隐含在总结、补充、修正正反两方面意见的过程中——则必然是最完整、最全面、漏洞最少的发言。这对提高领导的威信大有好处。

当然，主持者首先发表自己的"高见"，在少数情况下，也会有与会者直言不讳阐述自己的意见，这种情况表现为三种。

① 领导者威信太低。与会者认为否定领导没什么可预见的危害，因而敢于针锋相对。这种情况，常常导致现场的会议失控，并引发将来的管理失控。

② 领导者眼里的大"红人",敢于提出不同的意见。因为大"红人"自认为和领导者具有较强的亲近感,提出针锋相对的意见不至于引起领导的反感。

③ 领导者眼里的大"黑人",也敢于提出不同的意见。大"黑人"自以为已经被领导"看死",在组织内部已经没有重新获得信任的企图,所以在言行上无所顾忌、敢作敢为,故而也勇于提出针锋相对的意见。

以上三种对领导的率先发言显示出针锋相对姿态的与会者,都属于正常的讨论会必须避免的。其避免的最佳方式就是领导者不应率先发言。

那么,作为主持人的领导者其"开场白"应该如何措辞呢?

领导者的"开场白"应该鼓励大家畅所欲言,阐述清楚会议的目的、背景,以及前期工作总结。在表述以上所有内容时,必须摒弃对讨论主题隐含的态度倾向,坚决不能在一字半句当中提供下属揣摩领导者态度倾向的依据,唯此才可确保讨论结论的全面性、公正性、客观性。

那么,在什么情况下主持者必须首先表明态度呢?

那就是"真主意,假商量"。领导者召开讨论会的真实意图并不希望下属就议题再行讨论,而是仅仅借用讨论会的形式来显示领导者的个人意见是经民意"讨论"通过的。在领导者分析、决策能力远高于其下属,或者领导者、管理体制虽处于民主决策的需求氛围中,但依赖强大的专制力度来维持,等等。在这类情况下,"真主意,假商量"具有合理性。

(4) 应适时终止大同小异的辩论。

在开讨论会的过程中,有时候,争辩的双方并没有原则性的分歧,争论的激烈程度却令人生畏。这主要是面子观在起作用。这时,由于争论双方的目的并不是追求某种真理,仅仅是为了维护自己的面子而狡辩,在这种情况下,主持者应及时予以阻止。主持者可以对争辩的双方说:"你们两人的意见没有原则性的冲突,你们的意见大体都是对的。"或者说:"你们的意见各有千秋,基本上是一样的。"

(5) 时刻注意会议方向,防止会议"走题"。

讨论会"走题"是最常见的毛病。如果主持者不善加控制,讨论会几乎必定会"走题",而且这种"走题"的过程都是悄悄进行的。每一次"走题",看上去都是那么合理。但是,经过几次"走题"以后,讨论会的主题就会变得面目全非,不知所云。讨论会"走题",其责任不能归到下属身上,而应归到主持人身上。因为控制会议议题讨论方向,是主持者的天然责任。

举一个开会"走题"的例子:

有一次,上海市浦东一家大型企业,召开"如何开拓外地市场"的讨论会。该企业以前依靠产品开发对路走上高速发展的道路。这几年,由于市场成熟、竞争激烈,利润、销售额都不断下滑。于是,他们打算把产品打入外地市场。该企业管理十分混乱,从他们开会的混乱程度,就可看出某些征兆。

会议刚开始时,讨论的议题还是正常的。大家都在讨论选择什么地区作为突破口。说着说着,忽然有人提出了问题:"如果开发外地市场,销售费用可是很大的。怎样控制销售费用是一个大问题。"于是,整个话题一转,大家都热烈地讨论起"如何控制销售费用"。

不一会儿,又有人提出了一个问题:"控制销售费用的关键,是要制定出差待遇的规定。什么人可以乘飞机,什么人可以坐火车,什么人可以住星级宾馆,什么人可以睡卧铺,都得规定得清清楚楚。"于是,话题一转,大家又热烈地讨论起"出差待遇的规定"。

这时,有人发出了叹息:"唉!我还没有坐过飞机呢!陈星,你坐过飞机没有?"于是,整个话题又一转,大家又热烈地讨论起"谁坐了飞机,谁没坐过飞机"这一问题。大家谈得兴致盎然,气氛十分热烈,总经理也不时打趣。

忽然,又有人提出疑问:"飞机上有没有厕所?"立刻有人热情地告诉他,飞机上的厕所是怎么样的,仔细地描绘了它是怎样使用的,以及它的构成材料。

这时,有一个人插了一句话:"最近市中心厕所十分难找,出现了一种流动豪华涉外厕所,上面写着'涉外厕所,每次五元,庆祝元旦,八折优待'"。结果此人的话引发了与会者的狂笑,有的人笑得前俯后仰,几乎跌到椅子下面。

这时候,总经理才猛然醒悟,说道:"走题啦,走题啦,我们还是来讨论,到底选哪个地区,作为我们明年市场开拓的方向。"于是,大家终于回到正题。此时,已经开了两个小时的会了,却还在讨论这么一个最基本的问题。

许多讨论会就是这样,每一次"走题"都是悄悄地、不知不觉地发生的。每一次"走题"都是不易被人所觉察的,经过几次"走题"以后,开会讨论的内容常常就无边无际、离题万里。

上面这个讨论的案例中,正确的讨论路径是:首先,决定产品输出到哪个地区,再决定什么价格,再决定沿着什么销售管道销售(代理还是自销?如果是代理,请哪家代理及请几家代理?),配合什么样的促销方案。只有上述这些基本问题解决后,才谈得上讨论费用控制及其细则。上述公司的讨论会开得如此混乱,可见其领导者的管理水平不高,思路不清晰。其销售利润滑坡也属于可以理解的现象。

(6)对于好的建议应鼓励,对质量不高的建议不能批评。

每位下属在提出自己的建议之前,都认为自己的建议是有效的,并且下属并不能确切地预知上级对自己建议的反应。如果，对于质量不高的建议予以批评，就会堵塞言路，使人不敢发言。因为下属会认为："我的发言，说不定会招致批评，何必自讨没趣，还是不发言为妙。"因此，主持者对于质量欠佳的建议予以批评、指正、纠偏绝对是一个坏习惯。有这样坏习惯的主持者，是开不好讨论会的。

正确的方法是：听到了好的建议，主持者应该通过口头表扬、点头致意、满面笑容、追问细则等行为来鼓励发言者继续发言；对于所听到的质量欠佳的主意，只需装作没听见就可以了。

当然，有的人提出坏建议，其动议不是由于思维方法不同或能力问题，而是故意捣乱，那么就必须予以批评。

（7）在讨论会中，常常出现小事情占据和其地位不相称的大时间的情况，主持者要尽力消除这种弊端。

与会者往往对小事情感兴趣，讨论时间长的原因有二：

首先，对于小事情懂的人多，对于大事情懂的人少。因此，常常是小事情踊跃发言，大事情发言的人寥寥无几。其次，小事情责任小，因而发言的人多；大事情责任大，因而发言的人少。由于存在这两个原因，如果主持者不有意识地控制，必然会出现与会者对小事情热烈讨论的情况。

比如，把"新产品开发"与"组织外出旅游活动"放在一起讨论，就会发现，许多人对旅游活动会提出许多良好的建议，而对于开发什么新产品，却很少有人发言。因为什么样的新产品能够畅销，这是一个高难度的问题，并且责任巨大，一旦产品开发错误，会造成巨大的损失，因此发言的人就少。

比如，笔者参加各类政府会议，也发现同样的情况：讨论本地产业升级，或者区域经济发展战略，或者群体事件控制时，大家发言少；讨论小学教育、城区绿化时，大家发言特别积极，其重要原因之一是前面的问题太复杂。

（8）参加讨论会的人数不能太多或者太少，控制在5～12人为宜。

讨论会中有这样一个规律：发言的真实性与参加会议的人数成反比。参加会议的人数越多，发言者的顾忌就越多。只要会议的参加人数超过了十几人，发言者难免采用官话、套话来表述，其观点也就会变得冠冕堂皇、似是而非了。因此，参与讨论会的人不能太多，否则根本不能得到切实有用的东西。

但是，不能认为"参加讨论会的人越少越好"，人数太少也无法激发起活跃的气氛，阻碍了新思想的产生。讨论会人数以5～12人为宜。

如果参加讨论会的人很多怎么办？那就分成很多小组讨论。

（9）开讨论会应有结论。

主持者在会议即将结束时，应对讨论进行状况得出明确的结论。这个结论，应尽可能综合各方面合理成分。用张三的意见，加强李四的意见，用王二的意见，补充麻子的意见，这样才能充分调动各方面的积极性。

没有结论的会议，等于没有开会。如果一次会议不能做出整体结论，也必须做个阶段性的小结，使得会议的成果有具体的体现。

（10）有了结论以后，应把任务分摊给具体的人。按照布置任务的程序进行操作。

上述十条，就是主持讨论会时应注意的基本原则，我们把讨论会常见的错误编成四句顺口溜：

"会而不议"，开了会却走了题。

"议而不决"，开了会虽没有走题，却也没有结论。

"决而不行"，开了会虽然有结论，却没有把任务分摊到具体的人身上。

"行而无果"，任务虽然分摊到了具体的人身上，却没有效果。原因是没有去检查。

第三节 如何主持干部任命会

干部任命会的主要目的,是扶持干部威信,拉开干部与下属的心理距离,形成干部的权威性。这样的任命会应注意以下几条要领。

(1) 形式要隆重。比如,会场略微装饰、布置,参与者人数众多,或有高层干部到场。

(2) 气氛要严肃。比如,颁发正式的任命文件或精美的聘书。

(3) 要充分阐述被任命干部的优点、业绩、能力、品行。

(4) 如果被任命的干部,是从员工中提拔产生的,则必须设法拉开被任命干部与其原来同事(员工)之间的心理距离。比如,安排一个老员工表态,以示对新干部的支持,让老员工回忆并讲述被任命干部的过去成就。又如,给新任命干部安排一个较大的办公桌。如果上级领导在任命干部时,不帮助被任命的干部与员工拉开心理距离,则员工会从心理上认为"被任命的干部与自己是平等的"。这对被任命的干部迅速开展工作十分不利。

第四节 亲信暗示讨论会

前面第二节讲述的是如何主持一个真实的讨论会,目的是寻求优质的解决问题方案。但在实际工作中,还有一类讨论会是以讨论会的面貌做思想工作,这类讨论会的开会要则如下。

(1) 不要给参与会议的人过多的准备时间。

比如,要通过一个需要做思想工作的决议,最好今天通知明天开会,甚至上午通知下午开会,在某些极端情况下甚至可以突然开会。

(2) 会议现场布置要气氛严肃。

最好使用长条桌,领导坐在主席位,或者会场类似教室的风格,领导坐在讲台上,这都暗示领导的权威性,暗示大家少思考、多服从。

(3) 领导事先安排亲信表态。

领导抛出问题后,问大家怎么办,然后由领导事先安排的亲信先表态说应该怎么办。领导用鼓励的眼光看着这位亲信,面带赞许的微笑,用极其轻微的动作缓慢地点头,这样就强烈暗示领导是赞同这个意见的。

这样做的好处是:领导进退有余,可以带动大家赞同这个决议,万一这个决议引起了众怒,领导也有回旋的余地,毕竟领导没有直接表态。

这个亲信,最好是权威大一点的亲信,这样效果更好。

(4) 大家表态通过议题。

第五节　从众心理思想工作会

所谓从众心理,就是个体容易受众人的意见影响,潜意识认为赞同多数人的意见是安全的,反对多数人的意见是不安全的。

这种心理现象,可以用于说服大家赞同难以通过的议题,办法如下。

第一,使用这个办法的条件是要确保参与会议的成员不可以自由发言,需领导同意后按次序发言,否则会出乱子。

第二,领导抛出方案后,要观察多数人的肢体语言,假定多数人的肢体语言是双手叉胸,或者双目微闭,这表示多数人是反对这个方案的。

第三,观察没有叉胸没有微闭眼睛的人中,谁的眼睛睁得相对圆。请注意不是眼睛睁得大,是眼睛睁得相对圆,特别是眼睛有光亮的那一种,这说明他的瞳孔在放大,这是潜意识指挥的微表情,表明他认同领导的方案。领导从眼睛睁得相对圆的人中,至少挑出5~8个眼睛

睁得最圆的人发言,甚至找几十人表态。

第四,领导让眼睛睁得最圆的人最先表态,他表态一定是积极支持领导议案的,发言结束后再找睁得第二圆的人表态,再找睁得第三圆的人表态……这些人的表态会互相感染、互相影响、互相加强的,大多数情况下赞成的调子会越来越高。

这些表态的人仿佛是随意挑选的,实际上是特意挑选的,这就会产生从众心理,那些反对的人就会内心暗自反省:怎么这么多人赞成这个方案,我为什么反对,可能我考虑问题不够全面……

第五,领导最后宣布,既然大家这么支持这个议案,那么就按此议案办理吧。

表扬与批评的艺术

第三章

表扬与批评是领导工作当中调整组织成员行为、调动组织成员积极性的基本方法之一;不善于表扬与批评的领导,就没有办法施行有效的领导。因此,我们必须准确地掌握表扬与批评的艺术。

第一节 表扬与批评的功能

1. 调控行为

表扬的作用在于加强符合领导意图的行为重复发生,批评的作用在于抑制不符合领导意图的行为发生。

2. 反馈信息

表扬与批评可以使组织成员明晰自己的工作状况与领导意图之间的差距。现代管理心理的研究成果表明:让组织成员明晰自己的工作状况,比不知道自己的工作状况优劣更能调动组织成员的工作积极性。

3. 显示权力

领导对组织成员不断地进行表扬与批评是显示权力的过程。批评与表扬频繁实施,可以不断地提醒组织成员:我是领导。这种权力的显示有助于强化上下级关系的严肃性,提高执行命令的有效性和组织成员的服从性,提高组织效率。

在实际工作当中,有的领导者放弃表扬与批评的权力,我们把这样的领导者称为"放羊式"领导。"放羊式"领导的管理效果会使得整个组织处于放任自流的状态,其组织效率是相当差的。

有的领导者只表扬不批评,我们把这种领导称为"老好人式"领导。在"老好人式"领导管理下的组织,符合领导者意图的行为因鼓励而得以成长,而不符合领导者意图的行为,由于没有批评也同样茁壮成长。这样组织的运作状态时好时坏，它们可能具有非常大的活力，也可能爆发巨大的灾难，到底情况如何，就全凭内外因素偶合所产生的"运气"。

有的领导者只批评不表扬，我们把这种领导称为"大棒式"领导。在"大棒式"领导管理下的组织，不符合领导者意图的行为受到了抑制而逐渐消亡，而符合领导者意图的行为也因为没有受到鼓励而枯萎。因为好行为不受到鼓励是不会自动成长的。这样的组织业绩平平，虽然不会出现什么大乱子，但也缺乏活力，是一种比较保守的组织。

正确的工作方法是：对组织成员既表扬又批评。对于符合领导意图的行为，给予表扬；对于不符合领导意图的行为，给予批评。通过多次表扬与批评，调整组织状态趋向于符合领导者的意图。

第二节　表扬与批评的原则

1. 表扬为主，批评为辅

领导的要义是使组织成员充满良好的行为，而不仅仅是没有不良行为。如果领导者在调整组织成员行为时，以批评为主、表扬为辅，即以"压制"为主、"弘扬"为辅，那么，坏的行为没有了，好的行为也不多。这并不是管理的目的。

正确的管理，必须以"弘扬"为主，以"压制"为辅；即表扬为主，批评为辅。

那么表扬与批评的比例关系是如何呢？笔者给学习者一个参考数据：批评至少占到表扬的20%，批评少于这个比例，组织很可能比较紊乱；但比较恰当的状态是，批评占到表扬的40%。

上面这个数据是经验数据，不是大样本分析的学术数据。按照学术要求，是不能讲经验的，因为经验的样本量不够大，只有大样本的分析，才是学术结论。但任何小的结论都做学术化的分析，是不可能也

是不必要的,因为这是财力和时间所不能胜任的。毕竟,给个经验数据,让学习者有所感觉,比没有经验数据要好得多。

不过要说明的是,鞠门学派的许多结论,比如人才测评与心理测量当中的许多重要结论,具体如心理量表的结论、图画潜意识心理分析的结论、文字潜意识心理分析的结论都是以大样本量为基础,进行数据分析而得出的。

2. 批评要及时

批评要及时是相对于"算总账式"的批评而言的。所谓"算总账式"的批评,即平时看见组织成员的错误不予批评,而把错误累积到一定程度以后,才对组织成员来一次"算总账式"的批评。有的领导者之所以这样做,是因为他们认为:这样批评人火力猛、压力大、效果好,理直气壮,必可使对方心服口服。还有部分领导喜欢"算总账"的原因是:看见部分小错误虽有怨言却不好意思批评,但组织成员的错误日积月累、重复出现,终于有一天忍无可忍、大发雷霆,顺便把过去的积怨统统宣泄出来。

"算总账式"的批评,效果是十分糟糕的。它会引发被批评者强烈的委屈感,认为这是小题大做,或者干脆否认对自己的批评。

为什么"算总账式"的批评会造成巨大的委屈感呢?这是因为人的心理活动都有这样一条规律:人会自动淡化或忘却自己的过失,也会自动牢记或强化自己的功劳。

随着时间的推移,人会不知不觉地忘却自己的过失,十分错误变七分,七分错误变三分,三分错误变成零。

随着时间的推移,人会不知不觉地夸大自己的功劳,三分功劳变七分,七分功劳变十分,十分功劳变成丰功伟绩。

许多人发现:十个老头九好汉。老人在回忆其年轻时代,都充满自豪感,自认为年轻时是好汉。这种现象就是上述心理规律的典型反映。

由于这种心理规律的存在,"算总账式"的批评必然会引发巨大的委屈感。因为,被批评者已经忘却或淡化了自己的过失,领导者重提旧事,往往会使被批评者认为领导是无中生有或小题大做。

为此,我给各位领导者的建议是:看见组织成员的错误必须立刻批评,否则以后就永远别提此事。

3. 批评的矛头一般不可以指向人的基本素质,只能指向具体的行为

人的基本素质是难以被改变的。批评人的基本素质,事实上就是告诉组织成员:你已无法变好。批评人的基本素质,会使组织成员失去改正的希望,使其行为深陷迷茫状态。

我们可以批评说:"王丽,你这次展览会没有搞好。"不可以说:"王丽,你怎么这么笨?"

我们可以批评说:"小陈,你这篇的结尾不应该这样写。"不可以说:"小陈,你的文化程度要提高啊!"

我们可以批评说:"张主任,你这个计划要修改。"不可以说:"张主任,你的领导水平太差了。"

"笨""文化水平低""领导水平差"都是非常难以改变的基本素质,是对人的某一侧面的全盘否定。这样的批评会使下属失去前进的方向,所以一般不宜采用。

除非上述这些基本素质的问题确实存在,并且比较严重,非指出不足以使其通过其他途径加以弥补不可时,才可在批评当中指出其基本素质与工作岗位职责的不对应之处,但也要措辞谨慎。

4. 批评一般不宜指向一些根本无法更改的因素

有的领导者会对组织成员进行这样的批评:你的工作太不主动了,这主要是因为你是郊县长大的缘故,那里的生活方式就是比较懒散的。

这样的批评效果是不太好的。因为该组织成员在郊县长大,是他

无论如何也无法改变的事实。从这个原因上讲,他难道只能是一个永远工作不主动的人?

5. 批评一般应私下个别进行

一般而言,当众批评是不明智的。因为当众批评会刺伤被批评者的自尊心,可能引发强烈的抵触情绪,也可能使被批评者为了维护"面子"而当众反驳,批评的实际效果是十分差的。特别是引发被批评者的当众反驳,这种行为既影响领导者的威信,也可能由于被批评者不断地辩护而强化了自认为"正确"的心态,强化其实际存在的错误行为、错误心态。

一个人受到了公开批评,他如果想在这个组织中继续待下去,为了维护自己的面子,就会大量地向组织成员做解释,说自己受到冤枉了,领导批评是错误的,或者领导批评是夸大其词的。

根据中国人的心理特点,由于中国人存在着"老好人"文化,组织成员听到被批评者诉说自己的冤情时,多半会给被批评者以同情或认可。

于是被批评者更加受到了鼓励,思维变窄,专心致志寻找自己被冤枉的理由,被批评者刚开始抱怨时,可能是嘴上认为自己对的,心里认为自己错的;随着被冤枉的理由越找越多,慢慢地就会真心认为自己是对的了,这叫"栽花效应"。

所以公开批评要谨慎,公开批评多半会使被批评者认为自己是被冤枉了,大概率事件是错误更难改了。只有被批评的行为具有普遍性时,领导才可以公开批评。虽然被批评者错误难以改正,但组织总体收益是大的。

6. 表扬要具体化

所谓表扬具体化,就是对于被表扬者进行具体事例的表扬,而不是抽象地凭感觉,采用通用的词语泛泛而论。

表扬越具体,被表扬者的被重视感越强,效果越好;表扬越抽象、越通用,越让人感到是随意性的表扬。而要做到对组织成员进行具体的表扬,就需要领导者认真观察、细心留意组织成员的优点,真心实意地去发掘组织成员的优点。

比如,"小张,很能干""小李,真不错""小马,很好"。这些表扬用词,都属于抽象式、通用式的表扬。

又如,"张主任工作能力很强,主要体现在三个方面:首先是创新精神强,常常能想出一些别人想不到的好主意;第二是笔头功夫好;第三是落实能力强,特别善于把领导的思路变成各种具体的行为",这样的表扬就属于具体的表扬。表扬的内容指向了具体的行为,明确了张主任行为应该保持、弘扬的内容导向,对张主任形成了强烈的被重视感,有较好激励效果。

7. 功过分清,功不掩过,过不掩功

在领导管理过程当中,领导者对组织成员绝对不能"因功掩过",不能因为组织成员有功劳就掩盖了其过失;也不能"因过掩功",不能因为组织成员的过失,就抹杀了其应有的功绩。正确的做法是:功过分清,就事论事。

8. 分清"表现进步表扬"和"表现卓越表扬"

所谓"表现进步表扬",是指由于组织成员做得比以前更好而得到的表扬。这种表扬主要表扬组织成员的进步性。

所谓"表现卓越表扬",是指由于组织成员做得比大多数人好而得到的表扬。这种表扬主要表扬组织成员的卓越性。

有些领导者对于组织成员"一受表扬就翘尾巴"的行为感到疑惑不解。其实,形成这种现象的原因有很多种,而最常见的一种原因是:领导者表扬组织成员时,没有分清"表现进步表扬"和"表现卓越表扬"。如果组织成员的表现仅仅是相对于过去有所进步,但是与岗位要求还存在一定的距离,领导应该明确告诉他:你比以前有进步,这令我很高兴,但是你与岗位要求还有很大距离,还处于不及格区域内,应继续努力，争取做得更好。如果领导者仅仅表扬他"进步很大"，而没有告诉他"仍旧是不及格"，那么该组织成员也许自认为行为已经达标，所谓的"翘尾巴"现象就会发生。

最好的办法是用读书打比方。比如，小王是新员工，适应新环境很快，但还没有合格，可以这样表扬他：

小王啊，你来了4个月了，进步的速度是很快的，这样的适应能力是非常罕见的，大大超过了我的估计，这就像读大学，我本来估计你现在应该完成大学一年级学习，结果你完成了三年级的学业，是平均速度的3倍，大大超过了同来的人。小王，好好努力，争取早日毕业。

这样的表扬，就可以防止"翘尾巴"，这样既给予了极大的肯定，又明确地暗示：小王是一个非常优秀的"不合格品"。

9."做好该做的事情"不属于表扬的范畴

如果领导者认为某件事是岗位职责范围中应该做好的事，组织成员尽职做好这件事，领导者就不应该去表扬他；否则，会降低领导者所在组织的行为准则，降低组织效率。

例如，领导者认为"不迟到"是组织成员应该做到的，那就不应该表扬全勤的组织成员；否则，全勤者得到了表扬，无疑告诉人们，"不迟到"是多么珍贵而少见的行为，而"迟到"可能是普遍的现象，进而"迟到"就具有某种可谅解性。长此以往，就会使得迟到的人多起来。

再如，领导者认为"完成领导者布置的任务"是应该的，那就不应该去表扬仅仅是合格完成任务的组织成员。因为这会强烈地暗示，合格完成领导者布置的任务是罕见的行为，而不完成任务是常见的行为；那么，不完成任务的行为一定程度上也有了泰然处之的理由。

笔者曾经碰到过这样一个例子：

笔者下属有一位负责宣传的市场部经理，其领导的部门纪律涣散，经常发生指挥不灵的现象，这引起了笔者的注意。

于是，笔者亲自下基层调查原因。到了现场，笔者立即发现：该市场部经理对一些属下该做的事情滥施表扬。比如，他对正在马路旁人行道树上挂宣传广告的组织成员大加表扬："辛苦了，辛苦了，爬了这样高，很危险的，真是不容易啊！"（其实到处登高挂广告横幅是该组织成员的本职工作）。这位市场部经理又对另一位组织成员说："真是太辛苦了，大热天出来挂横幅不容易啊！谢谢，谢谢。"（当然，这位组织成员的本职工作也是挂横幅的）。

滥施表扬的结果，就是使得他手下的组织成员认为：上树挂横幅或夏天出来挂横幅是了不起的卓越行为。所以，其他组织成员不出来挂横幅也是合理的，无非他们不想追求卓越，只希望平平凡凡。正是因为这位经理滥施表扬，市场部全体组织成员的行为标准都下降了许多个档次，其组织的运作效率当然逐渐下降。

组织成员出差回来，有的领导喜欢说："辛苦了，辛苦了！"

这样的寒暄好不好呢？

要看情况，如果下属是个有社会经验的人，他会知道领导说"辛苦了"是客套话，没有什么实际意义，和领导打个喷嚏差不多，不可以当真，讲这样的话就没问题。但如果下属是刚毕业的大学生或者比较单纯的人，他会觉得自己真的好辛苦，以后领导他的难度就增加了。

第三节　四种柔和的批评模型

随着社会经济的发展，加上工作人员中独生子女的增多，组织成员中为了吃口饭而忍声吞气的人越来越少，为了开心而工作的人越来越多。在领导工作中，直截了当批评的领地少了，更加讲究柔和式的批评，故此一定要学会柔和式的批评，这里介绍四个模型。

一、夹心式批评

夹心式批评,就是对于心理素质差的组织成员(特别是基层组织成员),最好是批评夹在表扬当中。

所谓批评夹在表扬当中,就是先表扬,再批评,再表扬。这样可以为被批评者营造一个良好的情绪环境,使之更加乐意接受批评。实施这样的批评要注意以下两点:

首先,表扬与批评的主题不能涉及同一件事,否则行为导向模糊,组织成员不知所措。

其次,一般只适用于心理素质比较差的组织成员。因为心理素质差的人情绪易于波动,如果直截了当对其批评,可能会引起强烈的抵触心理。对于心理素质比较高的人,比如高层干部,则不宜采用这种颇费精力的迂回方式。

比如,小张把展览会搞砸了,领导者批评的措辞可以是这样:

"小张,你工作一向不错的,前几次展览会都搞得不错(先表扬)。但这次展览会可搞砸了,宣传工作没做好,宣传单上的会址也不正确,应该好好地予以检讨(再批评)。当然,小张,你的工作总的来说还是不错(再表扬),要总结经验教训把工作做好。"

二、启发式批评

所谓启发式批评,就是向被批评者提问或者提供原始材料,促使被批评者思考,让被批评者自动得出领导所希望的结论。

比如,小王迟到了,领导要批评小王,可以对小王这样说:"小王啊!你觉得公司同事更容易注意你的缺点呢,还是更容易注意你的优点?更容易注意你的贡献呢,还是更容易注意你的违规呢?"

小王回答领导:"更容易注意我的缺点和违规。"

领导说:"对啊。你做了10件功劳,迟到一次就把它全部冲光了,多划不来啊。小王,以后别迟到了好吗?"

小王回答说:"好的,一定改正。"

要特别提醒:对理解能力较差的下属或者儿童(因为智商还没有充分发育),不可以用启发式批评。理解能力较差的下属是启发不出来的,或者会启发出莫名其妙的结论。比如,爸爸说:"儿子,你看康熙皇帝雄才大略,八岁就登基,擒鳌拜,平三藩。你有什么感想?"

儿子说:"因为他爸爸死得早!"

三、感同身受式批评

所谓感同身受式批评,就是指出被批评者的批评感受,形成共情状态,让被批评者觉得领导比较善解人意,比较理解被批评者,被批评者对批评的耐受力就更高。

比如,小王迟到了,领导要批评小王,可以对小王这样说:"小王啊!你觉得公司同事更容易注意你的缺点呢,还是更容易注意你的优点?更容易注意你的贡献呢,还是更容易注意你的违规呢?"

小王回答领导:"更容易注意我的缺点和违规。"

领导说:"对啊,小王啊你今天迟到,我猜想你在公交车上是非常着急的,你也不想迟到,所以很有压力的,对不对啊?"

小王说:"对呀!"

领导说:"小王啊,你做了10件功劳,迟到一次就把它全部冲光了,多划不来。小王啊,以后别迟到了好吗?"

小王:"好呀。"

四、共情式批评

共情式批评,就是在批评的结尾处强调我们共同行动、消灭错误,这可以大大减弱对抗情绪,提高对批评的接受度,使得批评更有效果。

我们仍旧以上面的例子为例说明问题。

　　小王迟到了，领导要批评小王，可以对小王这样说："小王啊！你觉得公司同事更容易注意你的缺点呢，还是更容易注意你的优点？更容易注意你的贡献呢，还是更容易注意你的违规呢？"

　　小王回答领导："更容易注意我的缺点和违规。"

　　领导说："对啊，不过，小王啊你今天迟到，我猜想你在公交车上是非常着急的，你也不想迟到，所以很有压力的，对不对呀？"

　　小王说："领导说得真对！"

　　领导说："小王啊，我对你的提醒也不足，我也有点做得不到位，这样对你职业发展是非常不利的。你做了 10 件功劳，迟到一次就把它全部冲光了，多划不来！小王啊我们共同努力，把这种现象消灭掉，好不好啊？"

　　小王说："好的。"

奖罚心理技术

第四章

奖罚,本章特指是奖钱及罚款,是领导工作当中调动组织成员积极性、调控组织成员行为,使之与领导意图相吻合的重要基本手段。它与开会心理技术、表扬与批评心理技术、改造组织成员行为心理技术等领导工具一样,是领导工作的基本功。但是,在企业领导的实际管理工作中,有很多领导并不能准确把握与熟练运用奖罚工具,降低了组织效率。

第一节 奖罚的功能

1. 调整被奖罚者的行为

通过奖罚措施,使被奖罚者的行为趋向与领导意图一致。奖罚之所以能调整行为,原因在于:人们有趋利避害的心理,通过不断地奖罚,组织成员的行为就会逐渐向上级的要求靠拢。

2. 调整众人的行为

通过奖罚,给员工树立行为准则,使其知道"什么是可以做的""什么是不可以做的"。同时通过奖罚的大小程度,又可以使大家知道"什么要拼命去做""什么千万不能做"。凡是调整众人行为的奖罚,都要公开进行。

第二节 奖罚的原则

奖罚的原则是我们进行奖罚的指导思想。

1. 奖罚的共性原则

(1) 多奖少罚。领导的要义是鼓励良好行为重复再现,而不仅仅是消除不良行为。组织成员的行为可以分为三种:好行为、平常行为、坏行为。仅仅消除坏行为的组织,是业绩平平、没有活力的组织。奖励的作用在于鼓励良好行为重复再现,处罚的作用在于抑制坏行为重复再现。从这个意义上讲,领导必须多奖少罚。

(2)奖罚分明。敢奖敢罚,有奖有罚。对于好行为要舍得奖,对于坏行为要敢于罚,经常运用奖罚以充分调控组织成员的行为,使之与组织目标一致。

有的领导碍于面子观念,对于组织成员的错误不敢处罚;还有的领导气量狭小,对于有功的组织成员不给予奖励。这都是与奖罚分明的原则背道而驰的。

(3)奖罚公平。奖罚只与工作效果、工作能力、工作态度相联系,而不能与其他的事项联系。例如,奖罚不能与感情、与关系相联系。

有这样一个事例:

有一家管理秩序井然的民营企业,总经理的亲弟弟任某部门副经理。

有一次,总经理的弟弟犯了错误,总经理召集中层干部开会,讨论对他的处罚措施。其间,总经理弟弟当众表态:"我身为总经理弟弟,应该成为大家的表率。这次犯了错误,请求从重处罚。"

总经理弟弟没有想到,他"从重处罚"的请求非但没有获得总经理的表扬,反而招致新的批评。总经理严厉地批评道:"你请求从重处罚,这违背了奖罚公平的原则;实际上,你从内心深处,还把自己置于特殊地位。这说明你在工作当中,没有真正地以普通员工自居。你有这种思想,工作是做不好的。你'要求从重处罚'的错误,比你工作上的错误还要严重。工作错误要罚,'要求从重处理'之事是新错误;新错误也要罚,并且要通报批评。"

该企业经历此事之后,上下员工立刻深刻地意识到:企业的管理政策是奖罚分明的。奖罚只与工作效果、工作能力、公司态

度相挂钩。公司员工的工作积极性、主动性，又由此而提升了一步。

上述例子是奖罚分明的典范。

在实际工作中，大多数领导者都能够接受奖罚公平的原则；但是在具体工作当中，他们却常常不知不觉地违背了这一原则。这种违背并不是故意造成的，而是由于对奖罚公平的理解不够深刻造成的。

在实际管理工作当中，不能真正地、彻底地贯彻奖罚公平的原则，就会给组织成员的行为导向提供一种矛盾的信号，导致组织成员行为混乱。奖罚公平的原则虽然已被研究、实践了几千年，无数先哲、史书谆谆教导后人领导工作要奖罚公平，然而后人在实际执行中，却难以严格遵循。

（4）奖罚规则尽量明确。应将奖罚的规则尽可能形成明文的规章制度，以防止奖罚的随意性。随意奖罚，就可能使得奖罚产生不公平；随意奖罚，对组织成员行为导向的信号往往不明确。当然，我们在这里说"尽量明确"，就意味着——有部分奖罚，是不可能用规章制度的形式事先明确表述的，因为事物是发展变化的，领导者不可能事先预知组织成员在将来所发生的一切行为。但是，我们要求尽可能地把奖罚规则事先明确。

（5）奖罚应指向具体行为。奖励应该与组织成员的具体行为挂钩，使他明确知道：什么行为是被领导所欣赏的、需要被加强的。比如，有的领导给组织成员发一笔奖金，并且表扬组织成员说："你的工作很出色，给你 100 元奖金。"这样的奖励效果就比较差。因为奖励没有与具体行为挂钩，奖励失去了行为导向作用。类似"你的工作很出色"的界定，含义模糊，指向不明。当然，还有一种更加糟糕的奖金发放方式，就是在许多企业员工的工资单上出现若干元的奖金数额，却没有任何说明。这样的奖励方式就属于"投资大、效果差"。

同样的道理,处罚也应指向具体行为,才能使组织成员明确知道:什么行为是要被抑制的。

2. 奖励的个性原则

(1) 该做的事不奖励。对该做的事情进行奖励,会强烈地暗示:被奖励的事情是一种罕见的事情;那么,不做此事就变得可以理解了。比如,发放"全勤奖"就似乎告诉人们,迟到是有一定合理性的;又如,发放"上班不吸烟奖"就暗示人们,上班时吸烟,一定程度上是可以被理解的。笔者曾去过一家从事冶金行业的国有企业,居然发现,该公司设有"服从领导奖"。服从领导居然要被奖励,管理怎么搞得好?员工服从领导是天经地义的啊!

所以,奖励只能与优秀的超常行为相联系。

(2) 奖励应大张旗鼓地进行。在对员工进行奖励的同时,应该伴随隆重的、与具体行为挂钩的描述性表扬,通过语言文字的形式公开告示,并倡导广大员工向被表扬者学习。相反,如果奖励与表扬是悄悄地、不为人知地进行,那么奖励就无法以此来激励、调控众人的行为,并且会降低被表扬者的满足感。

(3) 正确区分工资、周期性奖金、福利、年终奖、提成的功能。

工资是劳动质量与数量的基本体现。工资的主要功能是作为员工劳动的补偿和基本生活的保障。

周期性奖金是优秀异常行为的体现。月奖金的主要功能是:调控组织成员的行为。因此,月奖金发放的主要原则是:数量较小,公开发放,重在荣誉。月奖金宜提倡公开数量,但数字应小一些,重在荣誉,以免员工互相攀比,给被奖励者造成精神压力。须注意的是:一般情况下,员工的报酬应该是保密的,以免因攀比而造成纠纷,小额的月奖金公布数量是个例外。

福利是与劳动数量、质量无关的员工所得。福利主要是社会道德和社会责任的体现。福利又分为两种:一种为法定福利,如医疗保险金、养老金等；另一种为非法定福利，如免费工作餐、免费旅游、免费点心、免费电影、免费宿舍、免费聚餐、困难补助、年轻人恋爱津贴等。由于福利与员工的劳动数量及质量无关，所以强烈暗示了员工与企业的关系是同舟共济的大家庭的关系，这满足了员工的感情的需要。福利的主要功能是提高凝聚力。所以，员工主动辞职率与员工福利呈反比关系。当然，福利太高，也会有副作用：一是成本太高，二是容易养"懒汉"。

有些企业，员工只有工资、奖金、提成，没有福利，这就向强烈员工暗示：员工与企业的关系纯粹是劳动与金钱的交换关系，这会大大降低员工的凝聚力。

正确的原则是：既要有工资、奖金、提成等劳动性收入，又要有福利这种非劳动性收入。调查表明，福利收入占员工平均收入的15%～30%是合理的。

企业在福利问题上常犯的错误有四种：

① 福利过少：企业没有福利，或福利太少，导致企业凝聚力低，员工主动辞职率高。

② 福利太多：员工不需努力工作，就可维持一定的生活水准，导致工作效率下降。

③ 福利工资化：把福利与员工的劳动表现挂钩，使得福利变成了工资、奖金的一部分。

比如，工作表现好的员工，可以享受公费旅游。这种旅游实际上是一种"奖金"，而不是福利。

④ 工资福利化：把工资变成了与劳动数量、质量无关的东西，实际上变成了"铁饭碗"。正统的计划经济体制中的国有企业的工资，实际上就是一种福利。这种工资福利化的做法，是没办法调动员工积极性的，管理效果极差。

年终奖是员工优秀行为与企业经济效益的综合体现。年终奖的主要功能是：让员工分享企业发展成果，并调控员工的行为。在发放年终奖前，要不断向员工灌输，年终奖既是企业发展成果的体现，又是员工行为的体现。如果员工认为年终奖与个人表现无关，或认为无论企业是否赚钱，都要发年终奖，那么这是一种管理上的失败。另外要注意，发放年终奖之前，要进行防止攀比的教育，并宣布对互相攀比者的惩罚措施。

提成是劳动数量与质量的体现。

3. 处罚的个性原则

（1）个性问题处罚应悄悄进行，共性问题处罚应公开进行。除非处罚的目的不仅仅是教育其本人，而是为了教育众人，处罚可以公开进行外，大多数的处罚应悄悄进行。处罚尽量不要破坏被处罚者的面子。因为处罚的目的是为了调整被处罚者的行为，而不是为处罚而处罚。

笔者的经验是：中国人是最要面子的民族。在企业管理中，对某位员工施以面向全公司的"通报批评"，是极重的处罚。它对被处罚者的冲击程度远比罚款、降薪、记过，甚至留企业察看高得多。笔者发现，被全公司"通报批评"的人中的大部分会辞职。因为，被全公司通报批评的人会认为自己已经没有面子在这里待下去了。

当然，如果某人的错误是共性问题，公开处罚是有必要的。

（2）重复犯错加重处罚。人非圣贤，孰能无过。因此，管理的原则是，偶然的犯错可以原谅，重复犯错不可原谅；所以，重复犯错要加重处罚。

有这样一个事例：

> 笔者曾管理过一家这样的企业，它位于交通不便的地方。刚上任时笔者就发现：公司迟到的人很多，而迟到的人中，一部分确实是由于塞车而迟到；但还有一部分人，是借口塞车而迟到。
>
> 该公司以前曾实行过两种迟到处罚制度，效果均不好。第一

种制度规定凡迟到者罚款500元。结果怨声载道，很难推行，被罚者向各自的领导诉苦："公共汽车拥堵，难道我跑步上班？"后来，又改行一种制度，规定凡由于交通堵塞而迟到者不罚款。结果，许多员工钻制度的漏洞，睡懒觉迟到的员工也假称交通堵塞，迟到的人更多了。

后来，笔者根据"重复犯错加重处罚、偶然犯错可以原谅"的原则，实施迟到罚款累进制，规定：迟到N次，罚款4的N次方元人民币，即迟到一次罚款4元，迟到两次罚款16元，迟到3次罚款64元，迟到4次罚款256元，迟到5次罚款1 024元，以此类推。从此以后，凡是有人因迟到罚款而向干部抱怨就少了。因为如果有人抱怨，领导者就会说："反正少量迟到没罚多少钱，长期迟到必然有问题。你应该早点起床，把塞车时间预计为正常赶路时间。"结果上下咸服，秩序井然。

（3）民营企业中的罚款应变为员工福利。在民营企业中，罚款很容易被员工理解为：罚款是巧取豪夺员工劳动成果的手段。这种情绪会大大降低处罚的效果。笔者走访了大量的企业后发现，解决这个问题最好的方法，莫过于把对个别员工的罚款收入变为全体员工的福利，并且可以专门成立一个罚款基金，由员工民主选出的代表进行管理。基金的功能，是帮助员工解决生活困难或进行娱乐活动。这样，员工就意识到：罚款是教育人的手段，而不是榨取员工劳动成果的方法。有一家公司干脆把罚款转化为的福利基金叫作"快乐基金"，其目的就是为了产生各种各样的快乐。

现把该公司《快乐基金管理条例》附下，供读者参考。

《上海××有限公司快乐基金管理条例》

宗旨：用以产生部分的快乐，让大家分享。

来源：罚款［除办公纪律（99）2号文罚款及赔偿性质的罚款］。

用途：

1. 员工娱乐（电影、聚餐等）。

2. 祝贺员工喜庆之事。

3. 帮助有困难的员工。

管理：

1. 由全体正式员工选一位出纳管理现金（公司出纳不得兼任）。

2. 由公司指派一位会计管理账本（公司会计不得兼任），记流水账。

3. 罚款账本与收据由快乐基金会计保管，各位干部开具罚单一联交由公司出纳，员工发工资时扣除，一联交被罚款员工保存。

使用：快乐基金的使用与公司财务制度的规定相同。报销经主管领导和总经理签字，并由使用人签字才能生效。

监督检查：由公司纪检主管每月5日核查，遇节假日顺延。

此条例解释权归公司所有。

本条例经公司盖章后，于×年×月×日生效。

（4）建立降低处罚抵触情绪的认知标准。企业应通过组织文化建设，建立这样一种观念：处罚是为了教育组织成员；对于组织所不欢迎的人，比如，准备开除的人，组织是不会去处罚他的；处罚的本质是使用而不是遗弃，其目的是为了被处罚者更好地发展。关于如何建立这样的认知标准，在有关企业文化建设的章节中有详细的阐述。只有建立了上述关于处罚的认知标准，才可大大降低员工被处罚时的抵触情绪，使得处罚能够通畅地被执行。

如果某个组织，长期老好人风气盛行，领导理论上有权罚款，实际上罚款无法实施，必然执行力会有很大的问题，怎么办呢？请仔细阅读相关"如何从管理宽松向管理严格转变"的章节。

应对加薪要求的心理技术

第五章

5

绝大多数组织成员是高估自己实际能力的,因此绝大多数的组织成员都会认为自己的薪水偏低,都会认为组织对待自己是不公平的,内心深处都有强烈地向上级提出加薪要求的冲动。

但是,向领导提出加薪要求是有心理压力的,因此多数人把这种要求压在心底没有显化,当一个组织成员鼓起勇气向领导提出加薪要求时,大多数人都是深思熟虑的结果,组织成员自评理由是非常充分的,委屈是巨大的,认为组织是极其不公平的。

因此处理下属加薪要求是一件高难度的工作,未经过学习的人,绝大多数是技术不够的。

应对下属高估自己水平提出加薪要求的心理技术模型如下:

(1)肯定对方提出加薪要求时间上的合理性。

(2)要求对方对自己的工作以100分制打分。

(3)肯定对方的分数,并且表态甚至可以高一点。

(4)开始把对方的注意力转到自己的不足,办法是询问对方还有什么办法可以把工作分数提高一点。

(5)反复询问提高工作分数的办法,直至对方把注意力充分放到自己的不足上。

(6)肯定对方的改进措施很有意义,要求对方立刻实施,承诺对方一旦改进措施有效,立刻给他加工资。

(7)结束。

很多人对自己的成绩评估分会很高,大大超过实际水准,比如他会说:"我作为销售管理可以打90分"。

个体的认知误区在于,人们总是把注意力放在自己90分的成绩上,而不是把注意力放在自己10分的不足上,加薪应对的关键就是把他的注意力从成绩转向不足,这种转向必须是暗示的而非明示的,巧妙的而非直截了当的,成绩好坏的标准由下属自定而非领导给予。下面我举个真实的例子以加深大家的理解。

有一次,公司营销总监找我要求加薪,提高销售提成率,我当时是这家公司的董事长兼总经理,不过下属一般不称呼我官职,多以教授称呼我,我就以实际情况举例给大家。

营销总监:"鞠教授,有一件事我想了很久,觉得还是要跟您谈一下,当然,如果公司有困难,我也能理解,我一样会努力工作。"

评论:从这几句话可以看出,这个营销总监说话还是挺得体的,留了余地,考虑到了我不答应的情况,当然说话圆通是营销干部的共性特征。

我:"有什么事情你说吧!"

营销总监:"就是我个人的绩效考核中,销售额的提成比例很久没有改变了,能否适当地把销售提成比例提高一点?"

我:"对哦,我们已经一年没有动过销售提成比例了!"

评论:其实在公司中,一年没有改变销售提成比例是很正常的,但下属总会觉得自己加工资速度太慢了,不过还是要对他提出加工资的时间给予肯定,营造良好的谈话气氛。大家要知道一个重要的事实,无论下属提出加薪时如何客气、说话如何婉转,其实他是想了好久、克服了种种心理障碍才来的,内心是充满委屈的,内心抵触情绪是非常大的,因此营造良好的开局气氛非常关键。虽然销售提成比例一年未动就急不可耐,是非常过分的,但没有办法,为营造良好的开局气氛,降低对方的抵触情绪,只能肯定对方提出加薪在时间上的合理性。

我:"王总,那你对自己做销售管理的成绩打个分,满分是100分。"

营销总监:"我想90分是有的吧。"

我:"非常好,非常好,肯定有90分的,甚至还可以高一点,王总,你谈谈看,还有什么措施,可以把你的成绩再提高一点点。"

营销总监:"我想把中间商的代理区域缩小一点,加强精耕细作,

提高销售额。"

我:"很好!还有什么措施?"

营销总监:"我想加强对销售人员的谈判技能培训,开谈判心理学课程。"

我:"对的!再想想看还有什么措施?"

营销总监:"我想加强促销力度,提高销售额。"

评论:问对方的措施可以谈得久一点,直到对方不知不觉地充分注意到了自己的不足。

……

我:"这些措施都很好,回去立刻实施,一旦有效,我立刻召开总经理办公会,谈论你提高销售比例的问题。"

根据我的经验,95%以上的加薪谈判就到此结束了。

请注意这里面的核心是使用暗示,如果采用明示就错误了。因为营销总监的抵触情绪是非常强的,从心理学理论上说,人的心理分意识与潜意识,意识对明示的信息有极强的检阅作用,对明示信息会高度检查并拦截,使得这些信息进不了个体的灵魂。

什么叫暗示、什么叫明示呢?

假定你叫5岁的儿子去睡觉,明示信息是这样的:

"儿子,快去上床睡觉!"

任何人对直接的命令都有天生的不同程度的反感,儿子可能不愿意听从指令去睡觉。

暗示信息是这样的:

"儿子!我跟你讲个故事好吗?"

"好!"

"故事是孙悟空、猪八戒、沙和尚与唐僧的故事……最后孙悟空也睡觉了,呼呼呼睡得可香了;猪八戒也睡了,打着呼噜睡得可香可沉了;唐僧对沙和尚说:'沙僧!都很晚了!大家都睡了!你也去睡吧!'"

于是，你儿子也想睡觉了！

以上就是暗示！

有的人不能准确地理解上述应对加薪要求的心理技术模型，为使大家准确理解，我举个错误的例子：

营销总监："领导，有一件事我想了很久，觉得还是要跟您谈一下，当然，如果公司有困难，我也能理解，我一样会努力工作。"

领导："有什么事情你说吧！"

营销总监："就是我个人的绩效考核中，销售额的提成比例很久没有改变了，能否适当地把销售提成比例提高一点？"

领导："那请你谈谈你还有哪些不足之处……"

以上应对方式是错误的。因为这是采用明示的方式，而且人在高度对立的时候，意识对外部信息的检阅作用特别大，也就是心理阻抗特别大。如此沟通，营销总监是根本听不进领导的意见的，即使口头不反抗，心里还是会怨气冲天，很有可能影响工作状态。

下面这种应对也是错误的：

营销总监："领导，有一件事我想了很久，觉得还是要跟您谈一下，当然，如果公司有困难，我也能理解，我一样会努力工作。"

领导："有什么事情你说吧！"

营销总监："就是我个人的绩效考核中，销售额的提成比例很久没有改变了，能否适当地把销售提成比例提高一点？"

领导："那请你谈谈你和公司的岗位责任制（有的公司叫工作任务描述）相比还有哪些差距。"

这样的加薪应对也是错误的，因为这也是用明示的方式。营销总监的心理阻抗特别大，另外，岗位责任制是外设的行为准则，个体接受难度高，而"还有哪些措施可以提高分数"这句话里面行为准则是营销总监自己设的，产生的差距是他自己找的，因而他自己完全可以接受这个差距。

当然在实际工作中,鞠教授的应对水平更高,但一般人无法达到我的应对水平。我操作和上述通用模型有什么差别呢,差别在于我会提出一些营销总监根本想不到的合理化建议。请特别注意:这些建议应该是他根本没想到的,于是他更会自动地觉得自己管理水平不足,比如我会这样给予建议:

王总,可以试一下在各个门店贴上"通缉令",这些通缉令很抓眼球,会使路上的人流到店里的人数增多,当然这些"通缉令"最好重新排版一下,搞得美观点。

王总,中间商员工跳槽率非常高,各个中间商老板都很头痛,我这里设计了一张应聘销售人员评估其跳槽倾向的心理测评量表,你拿去开发成软件给各个中间商用。

……

我的建议会使王总更加意识到自己的工作可改善的地方还是很多的,更加不会再提加薪要求了。

当然,这样的操作对领导提出了高度的随机应变要求,一般人是做不到的,可以不必以此为标准。

还有一种少见的例外情况是这样处理的:

就是领导在问他还有什么措施可以提高总成绩时,下属说他想不出来,这时候领导可以这样说以消除下属的心理障碍:

随便说,随便说,就是瞎说也没关系。

因为领导说了"瞎说"都没关系,下属多半没有心理障碍,会放开说的。

有人又提出一个疑问:如果营销总监提出的改进措施非常糟糕,领导也要给予肯定吗?

答案是:营销总监给出的改进措施非常糟糕,领导也要给予肯定,因为你的目的是把他的注意力引向不足之处,而不是什么真的来谈论改进措施。你可以过个三五天,告诉他,他的某项措施,本领导是非常赞同的，但其他领导有不同意见，暂缓实施，除这项措施外的其他措施继续实施，这样问题就解决了。

　　再次提醒，在整个应对加薪要求的过程中，鞠教授从来没有说过他的不足之处，全部都是用暗示，但他会不知不觉地充分注意到自己的不足，从而减弱自己的加薪冲动。

从管理宽松向管理严格
转型的心理技术

第六章

中国是存在老好人文化的,并且缺乏西方或者日本的认真文化,许多组织管理非常松懈。把一个管理宽松的组织转化成管理严格的组织是非常困难的,也是很多管理者头疼的难题,这在企业整顿中经常遇到。"一旦松下去,就很难紧起来"是管理人员常说的话。怎样对一个原先松散的企业进行严格管理,怎样减少这一过程中的阻力,需要很高的心理技术。

组织从管理宽松到管理严格转型总的原则是:逐步进行,让组织成员心理耐受度逐步提高。具体的方法步骤如下。

第一步,对真实存在的好行为进行公开点名表扬。

先对真实存在的好行为进行公开点名表扬,其目的在于暗示领导是有表扬权的,同时又暗示领导也是有批评权的。

注意,第一步非常重要,因为组织管理宽松本质上是指企业中领导者进行强化和惩罚的程度太低,必然包括"表扬和批评"的频率少和强度低,大家感觉领导管理的味道不浓。所以加强严格管理的第一步就是增强这种"领导的味道",通过大家比较容易接受的"领导表扬"来暗示领导是有表扬、批评的管理权的。为之后的批评和严格管理打下基础。

第一步对真实好行为进行公开点名表扬要做7~10次左右,这个数字不是固定的,主要是以组织成员有些震动为准。表扬时要召开大会,场面要隆重,气氛要庄严。最好表扬大会上配合领导的讲话、庄严的仪式和如潮的掌声。领导表扬时要具体,描述得越有细节,真实性就越强,效果就越好。

第二步,对不存在的事情进行不点名公开批评。

领导先编辑一些不存在的错误行为,然后召开隆重的大会,声称考虑到某些组织成员的面子问题,对其错误的事情不点名公开批评。

这样做的目的是：让组织成员适应领导有权进行批评。

对不存在的事情进行不点名公开批评也要做7～10次左右，当然这个数据也不是绝对的，领导者要根据感觉判断大家是不是已经接受了"领导有权批评人"这一事实。

上述第一步和第二步可以夹杂进行，部分时间重叠，并不需一定要表扬7次以后才开始不点名公开批评，比如公开表扬4次后，就可以夹杂进行不点名公开批评。

第一步和第二步可逐步整体塑造领导可以表扬人或者批评人的感觉，但又由于没有人真正受到批评，故可避免遇到过大反弹和阻力。

请注意，不点名公开批评也要形式隆重，气氛严肃，声势浩大。

第三步，对真实存在的错误行为进行私下个别当面批评。

在组织成员心理上已经接受了领导可以表扬、批评人这一事实，对批评有了耐受力后，领导对组织成员有错误行为的，可以找他面谈。但批评一定要注意方式方法，一定要批评具体的事情。从领导心理学角度而言，大多数情况下不主张公开批评，具体方法请学习表扬、批评的相关章节。

第四步，对一些真实存在的优秀行为给予公开的、形式隆重的金钱奖励。

对一些真实存在的优秀行为给予公开的、形式隆重的金钱奖励，目的是暗示既然领导有给钱的权力，自然有罚款的权力，为后面的行为做铺垫。

奖励金钱一定要与具体的行为挂钩，要公开进行，形式隆重，气氛严肃，声势浩大，掌声如潮，次数可以多些，参考次数也是7～10次。

第五步，对不存在的事情进行不点名公开罚款。

领导先编辑一些不存在的错误事件，声称为了维护犯错者的面子，公开宣布对其进行了罚款，但不点名，而且公开宣布的罚款数额大一点。

这样做的目的,是让组织成员接受领导有权罚款这一事实,对罚款提高耐受力,为真实的罚款铺平道路。

进行不点名公开罚款大概也要做7~10次左右,具体数字则需领导者根据感觉判断大家是不是已经接受了"领导有权罚款"这一事实。

上述两步可以夹杂进行,部分时间重叠,逐步整体塑造领导可以奖钱或者罚款的感觉,但又由于没有人真正被罚款,故可避免遇到过大反弹和阻力。

第六步,对真实存在的错误行为进行私下罚小款。

在组织成员对领导罚款已经接受的前提下,领导可以对真实的错误行为进行罚款。但刚开始时,罚款的数额要小于上一步公开的假罚款数额。让大家对罚款有个接受过程,再逐步把罚款的数额提高。可以和被罚款人说"这个错误本应该罚款××元(由于这个大体数额是公开宣布罚款过的,故发生反弹的可能性较小),但由于×××原因,这次象征性罚款或打折罚款××元"。当私下小额罚款进行了一段时间和人次后才可进行下一步。

另外,罚款多数需要私下进行。只有当这种处罚是为了警告大多数人或者倾向于开除被罚款人时,才可以公开罚款。关于如何具体公开罚款,可以参照相关章节学习。

第七步,对真实存在的错误行为进行正常数额的罚款。

通过前面若干步骤后,领导可以对组织成员的错误行为进行正常数额的罚款了。这同时也标志着,由管理宽松向管理严格的转型初步成功了!

那什么叫正常数额的罚款呢?各地收入水平不同,正常数额罚款,数量是不同的。同一地方,时代不同,正常数额的罚款也是不同的。同一地方、同一时代、不同公司,收入水平不同,罚款数额也是不同的。总的原则是,罚款数额对错误行为有强烈的抑制作用,也就是大概70%的概率以后不再会犯。如果管理者评估再犯错比例高于

70%,则需要提高罚款数额。

举个例子:鞠教授在2018年管理的某企业,全体员工最低年收入为12万元,地处上海,该公司员工任务没有执行一律罚款300元。

在这里我要特别说明的是,领导能否对组织成员行使罚款权,与组织的执行力有高度的正相关性。也就是说,领导可以正常行使罚款权的企业的执行力,普遍高于领导不能正常行使罚款权的企业。

在许多组织中,名义上领导有权罚款,但实际上由于领导权威不足、领导批评罚款心理压力过大、组织中关系户过多、老好人问题严重等原因罚不下去,这样的组织在工作效率、执行力、灵活性等方面必然会存在严重的问题。

当然,组织成员的行为调控,不能仅靠奖钱、罚款、表扬、批评这四项,调控组织成员行为的方法需要多样化。相关学习请仔细阅读行为强化的章节。

如果有人问:这上面七步最关键的是什么?我的回答是:最关键是第五步,即"对不存在的事情,进行不点名公开罚款"一定要做深做透,充分提高组织成员的心理耐受力,这是各位学习者千万要注意的。

管理攀比收入的心理技术

第七章

组织成员攀比收入是令领导非常头痛的一种现象,主要可以采用三种应对方法。

一、组织文化建设

组织文化建设的主要办法是学习下面这篇文章《攀比收入,终生痛苦》。

这篇文章要反复学、多次学,主要由人力资源部组织。特别是在发年终奖之前。鞠老师的惯例是把文章发下去,各部门每天学5分钟,持续1周,然后发年终奖,攀比的现象就会少许多。顺序倒过来是不行的,先发年终奖,后学习这篇文章,效果就要差许多。另外,在调整工资前,或者提拔干部前,或者实施股权激励方案前,鞠老师都会组织相关人员多次学习这篇文章。一定要多次学习、反复宣讲,使组织成员充分意识到"攀比"的特点是单因素比较,把自己最有利的因素拿出来比,任何人都可以找出理由来证明自己受到了不公平的对待。

这篇文章不是学术文章,是按广大人民群众的口味写的,比较通俗化、口语化。如果你管理的群体是知识分子群体,请自行修改,改得更加文雅、更有文采,取其大意就可以了。

攀比收入,终生痛苦

大量的调查表明:在任何一个组织中,如果存在互相攀比收入的风气或组织文化,那么组织成员中的每一个人都会感到十分委屈,都会感到十分不公平。因为互相攀比的结果必然是,自己认为自己与别人相比"拿少了",而同时又被同事评价为"拿多了"。人人都会认为"他人收入太高,我凭什么比他低,这很不公平"。所谓"人比人,气死人"就是指这种现象。

组织成员如果沉浸在"气死人"的情绪当中,自然会降低组织的竞争力;严重的还会导致组织在市场竞争中失败,变"气死人"为"饿死人"。这种现象在国有企业中很常见。正因为其危害严重,所以在管理自主权较大的"三资"及民营企业中,大都实行工资保密制度。

互相攀比是如何创造出委屈感的?它的生产过程如下:

首先,决定收入的因素非常多,包括工作数量、工作质量、工作难度、学历、潜力、忠诚度、年龄、工作态度、安全性、稳定性、纪律性、运气等。总之,收入是多项因素综合评定的结果。而收入的构成也是复杂的,它包括工资、福利、学习机会、职业安全性、地位、权力、企业成长性、能力锻炼、个人与上级关系等。组织是由于多种因素形成收入现状的,造成员工收入高低的因素是丰富多样的。

其次,互相攀比的典型过程是:单因素或少因素比较,并且在因素的选择上,往往向有利于自身的方面靠拢。比如,某商厦柜台营业员岗位,月薪是4 000元,月奖金为2 000元左右;有一个营销系毕业的大学生,分配来此进行6个月的基层锻炼,月薪5 000元,但试用期无奖金。如果故意互相攀比,这个原来站柜台的营业员,就会感到十分不公平,因为撇开其他因素不谈,单从工作内容相同这一点出发,就可以抱怨"同样的工作为什么收入不一样",于是委屈感就产生了。

抱怨一旦传到对方耳中,很有可能会引发对方反弹,而反弹的基本观点是,自己的收入并不比对方高,其基本手段是:找出之所以"不高"的对比因素。比如,上面这个例子,原营业员这种抱怨,通过各种渠道传到新来的大学生耳中,该大学生就会反弹,他也攀比道:"都是同样的工作,干吗他每月有奖金,而我没有奖金,这太不公平!"于是新的"不公平感"又产生了。

只要你想寻找委屈,通过攀比,就必然找得到。

互相攀比收入的结果就是,人人都认为"别人占了便宜,自己吃了亏",从而形成"人比人,气死人"的情绪。

这种互相攀比多见于组织内部,偶见于组织外部。比如大学同班同学,工作后散布于各行各业,他们也会互相攀比收入。

事实上,相互攀比危害极大。这会大大降低自己的生活品质,给自己制造痛苦;而且会降低他人生活品质,给他人制造痛苦;再者会降低组织竞争力,给组织埋下崩溃的隐患。

那么,如何处理这种不良现象呢?

首先,组织应形成严于律己、宽以待人、不互相攀比的组织文化。

其次,应实行严格的工资保密制度,并对泄密者、互相攀比者予以严厉的处罚。

再次,组织成员应自觉做到不互相攀比,维护良好的团队精神和工作气氛。

最后,请再次牢记这句至理之言:只要你想寻找委屈,通过攀比就必然找得到。

二、改变组织风气

鞠老师管理过的企业当中,接手时有的企业攀比风气非常浓厚,鞠老师定期组织各部门各系统选举"心胸宽广、勇于谦让(不攀比收入)的优秀员工",选举优秀员工是假的,实质是选举劣质员工,关键是每人投票票数要多,比如质控部,有15个成员,每人投8票,绝大多数情况下是人人都有票,票数有高低,得票最少的就是"攀比收入大王",每次投票活动要求当场验票、当场公布结果,凡是荣获"攀比收入大王"称号的人,领导都要找他谈话:

小王啊！选举结果我没想到啊！我倒没想到你是"攀比收入大王"！但这是大家的看法呀,小王啊！你要注意了！

心理学研究表明：群体的压力效果要远远好于领导个体的压力。群体投票是改变不良成员行为一种非常好的办法。

这种办法的核心是每个人投票权要多,如果每个人投1票,就变成真的选举优秀员工,会有七八个员工得0票,这七八个人就无法分出谁是"攀比收入大王"了！

有人说,那我们直接选举"攀比收入大王"呢？如果这样做,心里阻抗是很大的,有的组织难以推行,所以以选好人的名义来选坏人,比较容易推行。如果你的权威足够高,可以直接举行"攀比收入大王"选举,笔者也是万分赞成的。

三、实施工资保密制度

工资保密,否则严厉惩罚,攀比收入的现象会少一些,组织成员矛盾会少一些,组织成员团结程度会高一点。

有的人怀疑：即便实施工资保密,事实上也无密可保,工资信息或多或少会外流的。但是如果明言工资不保密,攀比收入的程度就会直线上升,而且工资保密,打听工资或者泄密的行为将受严厉的惩罚,组织成员就无法向领导抱怨收入不公平了。如果员工向领导抗议道：我和王××都是博士,为什么他年收入比我多10万？这很不公平啊！领导只要一句话就可以把他顶回去：你是怎么知道的,打听他人收入是要巨额罚款的。

笔者甚至见过个别公司定下非常极端的政策：工资泄密或打听工资者一律开除！在这样的公司里,攀比收入确实是绝迹了,当然这种规定是否妥当也是值得商榷的。

用上述三种方法来管理,攀比收入的程度是可以控制在一定范围的。

提高影响力的心理技术

第八章

影响力是指领导影响他人心理与行为的能力。

影响力的大小很大程度上决定了领导的效果。作为领导应尽力设法提升自己的影响力,避免损害影响力的行为,并且帮助自己的直属干部建立影响力。本章就影响力的构成、形成威信(或称人格魅力)的因素、发挥影响力的方式、损害影响力的行为,及上下级影响力之间的关系,做出详细的分析。作为领导,应意识到影响力在领导行为中的决定性作用。

第一节　影响力的构成

影响力主要由三种子影响力构成。

1. 权力性影响力

权力性影响力是由领导拥有的权力和社会地位形成的影响力。领导的权力与地位越高,权力性影响力就越大。权力性影响力的形成主要有三大因素。

(1) 趋利避害的心理。由于领导手中握有权力,可以给予下属奖罚、升降,人们为了趋利避害,会服从领导的指挥。

(2) 传统教育。人们从小到大被灌输这样的观念:领导的命令是必须服从的。这种观念来源于父母、师长、小说、媒体等。比如,人们在看《三国演义》时就会无形中接受下级服从上级的观念。

(3) 现存的社会活动规则强迫人们接受领导的指挥。如果某人不服从这种规则,便会有许多人来告诉你"这是不对的"。

领导在领导行为中,完全依靠权力性影响力推动工作是危险的。有许多领导退下领导岗位时感叹"人一走,茶就凉"。当然"人走了","茶"是必然会凉的,但是"茶"凉得太快,这就不是好现象,说明这位领

导在工作时,主要是靠权力性影响力来推进工作,一旦失去权力,其影响就不复存在了。在现实生活中,有的人权力很小,但影响力却很大,比如苏格拉底、柏拉图、亚里士多德、卢梭、洛克、伏尔泰、牛顿、爱因斯坦、孔子、庄子、孟子、韩非子、荀子等。

2. 非权力性影响力

非权力性影响力又称威信或者人格魅力,非权力性影响力是由于领导个人因素而形成的影响力。领导应努力发展自己的非权力性影响力,这样会更好地提高领导效果。非权力性影响力主要包括道德、学识、情商、决策水平、神秘性、创新、冒险、目标远大、身先士卒、勇于负责等因素。

关于非权力性影响力的研究可谓汗牛充栋,仅在互联网上就可以找到相同主题的文章数千篇。许多人从不同的角度研究非权力性影响力,比如有人研究领导身高与非影响力之间的关系。有报告显示:美国总统的选举自1900年至克林顿为止,都是身高高者在选举中获胜。当然这份报告由于样本数量有限,其科学性尚不够强。还有许多人从资历、长相甚至脚的大小研究非权力性影响力与它们的关系。虽然存在各种学说,但上文列举的因素却为大多数研究者所认可。由于非权力性影响力非常重要,我们将在本章第二节予以详细的论述。

3. 思想性影响力

思想性影响力是由于改变了受众或下属的思维方法、认知结构而产生的影响力。思想性影响力可能是由于重复宣传的结果。

思想性影响力也可能源自某种体系严密的理论传播。比如法国思想家卢梭手中并未握有巨大的权力,不能对受众进行反复宣传,但是由于他的《社会契约论》理论体系严密、说服力强,使得许多人自动受他的理论影响,从而使卢梭拥有巨大的影响力。类似的人物还有孔子、伏尔泰等,他们都是以自己的思想改变了他人的思维方式和认知结构而拥有巨大影响力的。

在权力性影响力、非权力性影响力、思想性影响力中,作为领导最易获得的是权力性影响力,其次是非权力性影响力,最难获得的是思想性影响力。领导的工作重心是尽力发展自己的非权力性影响力。

第二节 非权力性影响力

非权力性影响力有很多别名,如人格魅力、威信等,形成非权力性影响力的因素主要有十项。

1. 道德

领导个人的道德是形成非权力性影响力的最重要的基础。大量的文案研究表明,任何一个团体的领导者若想拥有崇高威信,他的言行就必须符合他所处的社会的道德。须特别注意的是:不同社会、不同地域、不同群体的道德观是不同的。比如,在小偷团伙中,其首领若要威信高,他的言行就必须符合小偷群体的道德,要做到"吃苦在前,享受在后"(有难度的事抢先做,把利益让给别人),要做到处事公平(分配赃物要公平合理),要做到为人义气(部下一旦出事,应尽力营救)。

有的私营企业主认为"企业是我的,所以我可以为所欲为",比如在企业里公开大肆打麻将、搞赌博,实际上这会大大削弱其影响力。只有当社会道德变化成认为打麻将、搞赌博是正常的娱乐活动,才可以这样做。

比如,美国前总统克林顿的风流韵事在美国闹得沸沸扬扬,几乎要把克林顿掀下总统宝座,但法国人却认为美国人完全是小题大做。不管怎样,这件事确实大大削弱美国克林顿总统的影响力。

2. 学问

在人从小到大的成长过程中,家长、老师、媒体都教育我们学习是如何重要。慢慢地,大多数人的脑海深处就形成了"知识就是力量"

"有学问的人拥有的真理多""应服从有学问的人"等观念,因此学问大的人影响力也大。比如,毛泽东影响力很大,与他在民众中形成了大学问家的印象也有很大关系。毛泽东发表的诗作及他的书法都显示他是一个有学问的人。在抗日战争刚结束时,毛泽东赴重庆谈判,发表的诗作《沁园春·雪》就对当时国民党统治区的人民群众产生了强烈的震撼。虽然写诗和安邦治国没有必然的逻辑关系,但对普通民众而言,他们的思考是直觉性的而非逻辑性的。在中国旧时代,写诗是有学问的主要象征,所以发表诗作有强烈的公关意义。

在美国曾有一次研究学问与影响力之间的关系的实验,实验选择某大学某班级作为实验对象。

首先,一位富有教授派头的人走上讲台,立刻有人介绍,这是诺贝尔化学奖获得者×××,这一介绍立刻引发了空前热烈的掌声和崇敬的眼光。教授拿出一个透明的大玻璃瓶,玻璃瓶里装满透明的液体,教授用谦逊的语调说:"今天,我请求同学们协助我做一个气味扩散速度的实验,这个教室的前后距离我是清楚的,等一会儿我会打开这个瓶盖,同学们就会闻到瓦斯味(煤气味),闻到瓦斯味的同学请举手。"说完就打开了瓶盖,全班同学一致表示闻到了"很浓"的瓦斯味。其实,教授的瓶子里放的是自来水,根本就没有什么瓦斯味,之所以大家都"闻"到了瓦斯味,是因为诺贝尔化学奖获得者这个"大头衔"使他拥有了巨大的影响力。

再比如,许多人发了财,就设法到大学去弄张硕士、博士文凭,原因就在这里。古代的商人赚钱到了一定阶段,就喜欢附庸风雅,题诗作画,原因也是如此,否则他就无法进入上流社会。武夫出身的政官,一旦爬上高位,也会将自己塑造成学问家的形象。比如,朱元璋当了皇帝,便写了一本《大诰》,命令天下人学习他写的书。朱元璋还算是做得比较成功的。还有做得很不成功的,比如北洋军阀混战时代,山东督军张宗昌是文盲出身,他当上山东督军后创建了一所大学,并请清末状元王彭寿当校长。当时他请教王彭寿,我想在老百姓中获得好名声,不知应该从何处入手?王回答说,首先要孝(孝是当时的主要道德规范),其次要有学问。对第一条"孝",张宗昌感到比较容易做到,所以张宗昌事母甚孝。对第二条,张宗昌感到是一个大难题,但是为求站稳脚跟,张宗昌只好从学写字开始练习。张宗昌天资还算聪明,三个月后竟能写诗,并公开发表诗集,可是他急于博取学问家的名声,诗写得十分粗糙,产生的效果与他的愿望正好相反。这里从张宗昌诗集中录下三首,以博读者一笑:

咏泰山

远看泰山黑乎乎,

上头小来下头粗。

若把泰山倒过来,

下头小来上头粗。

咏蓬莱

好个蓬莱阁,

他妈真不错。

临窗来摆酒,

对海放个歌。

咏闪电

忽然天上一火链,

好似玉帝在吸烟。

如果玉帝不吸烟,

哪来忽然一火链。

诗集给他带来了巨大的负面效应。但他之所以写诗,也是形势所迫,不得不这样做,说明学问是构成威信的非常重要的部分。

3. 抗挫能力强

抗挫能力强有许多通俗说法:"大将风度""临危不惧""心理素质高""抗压性强"。这些说法的基本意思都是对的。

根据国外的研究,人的成功80%来自情商,20%来自智商,高情商的人在高度的压力下能保持冷静的头脑,其决策的正确率就高一些,所以高情商的人易于获得成功。

比如在2005年,有一个总经理告诉笔者,凡他投资的项目金额在百万元以上的均告失败,投资在百万元以下的均告成功。造成这种状况的原因在于这位总经理心理素质很差,他从小很穷,潜意识对钱比较看重,一百万元对他是一个心理关口,投资超过一百万元,他自感心理压力突然增大,在高度的心理压力下,其情绪就开始影响决策,导致决策失败率上升。

从古至今,凡成就一番大事业者,都是抗挫能力很高的,曾国藩自谓"每临大事有静气",诸葛亮说"宁静致远",都是做领导要抗挫能力高的意思。

抗挫能力强的领导还可以营造良好的组织氛围和健康的组织人际关系,形成良好的工作气氛。

4. 决策水平

决策水平是形成影响力的重要因素,如果下属沿着领导指引的方向都是走向失败之路,这样的领导是不可能有威信的。决策水平的另一个方面表现为预见能力。这种预见能力可能是逻辑推理的结果,也可以表现为直觉的结果。领导的主要工作之一就是制定好战略,这就要求领导对未来有准确的预计,指引组织沿着正确的道路前进。决策水平还表现为其他方面,这里不一一细列。总之,才能高的领导会使下属产生敬佩感,人们愿意在决策水平高的领导下工作。

5. 神秘感

戴高乐曾总结自己的从政经验:"主在仆前非英雄,神居深宇方显威。"意思是说:主人在仆人面前是不可能成为英雄的,因为早晚相处,主人的缺点在仆人面前暴露无遗,所以仆人不可能觉得主人是英雄,而神居住在深奥的宇宙中,充满了神秘感,才显示出了无穷的威力。

戴高乐的经验总结出了一条领导规律:神秘感是影响力的重要因素之一。

因此,在领导过程中,不能与下属过于随便,要适度拉开心理距离。在下属面前过多地暴露领导的痛苦、忧虑或心曲是不明智的,这会降低领导的影响力。经常与下属泡在一起玩也是不明智的,会使下属更多地看到领导常人的一面,降低下属对领导的敬佩之心。

领导与下属保持适度的心理距离并不意味着领导高高在上,不关心下属,关心下属与保持心理距离是完全不同的两件事。

6. 创新

创新可以给领导带来巨大的魅力。创新可以强烈地让下属感到领导确实是与众不同的,从而对其产生敬佩之心。领导不断创新的过程就是人格魅力不断增强的过程。任何问题都不止一种处理方法,应多思考一下,是否可以找出更好的方法来解决。要注意到:平常的方法只能获得平常的结果,巨大的成功必然是与众不同的方法的产物。创新对形成人格魅力是重要的,创新的具体方法在领导者思维方法中有详细的阐述。

7. 冒险

古今中外,成功者都是敢于冒险的人。如果不冒险,就不可能成功,没有成功做基础,影响力就很难建立。另外,大多数人是不敢冒险的,那么敢于冒险的人就显得特别与众不同,而人格魅力首先来源于差异。大多数人不敢冒险,因此大多数人敬仰敢于冒险的人,所以敢于冒险也是非权力性影响力的重要因素。

8. 演讲能力与说服能力

演讲能力与说服能力在威信中有重要的地位，大量统计显示，没有演讲能力和说服能力的杰出领导是不存在的。所以要成为杰出的领导，一定多多训练自己的演讲能力与说服能力。要精通沟通心理学，要深刻理解人心，要学会分析人的心理的技术；要在人多处多讲话，训练自己的抗压性，转变自己的面子观；要学习肢体语言心理学，学会观察人的肢体语言，也要善于运用肢体语言去影响他人。

9. 勇于负责

勇于负责的第一个方面是信守诺言。作为一个领导既要敢于做出承诺，否则无法调动下属的积极性；又要信守诺言，凡是承诺的就一定要尽力去兑现，如果无法兑现，就不要去做出承诺。勇于负责的第二个方面表现在敢于承认自己的错误，敢于打破自己的面子，这非但不会降低威信，反而会提高威信。勇于负责还意味着愿意对企业的成败负责，不诿过于他人。当企业出现困难，有的领导会想以找替罪羊的方法转移视线，这一旦被识破将极大地影响领导的威信。

10. 目标远大

远大的目标也是形成非权力性影响力的因素。首先，目标远大可以使领导变得更加伟大，从而获得下属的敬仰；其次，目标远大可以使组织的目标更加崇高，从而使工作变得更神圣、更有价值感；再次，目标远大可以使部下忘却眼前的困难，远大的目标总是激发起人们的奋斗精神，在通向伟大目标的道路上奋勇前进。

上述十个方面是形成非权力性影响力或是人格魅力、威信的重要方面，它们全都不依赖于权力而存在，拥有非权力性影响力的人可以更好地推进组织运作。

第三节　影响他人的方法

影响他人的方法主要有五种：说服、协商、参与、命令、榜样。

1. 说服

说服的含义是运用语言，使他人接受我方意见。当领导拥有的权力有限，或要影响权力与自己相当的人甚至权力超过自己的人时，可以使用说服的方法。运用说服的方法影响他人，必须有充足的理由、严密的逻辑，不过最重要的是要从对方的价值观出发来说服他，一定要让对方认为接受说服对其是有意义的。有许多人在说服时不是站在对方的思维方法和价值观念上去思考，这是不会成功的。站在对方的思维方法和价值观念上思考并不是简单地赞同对方的观念，而是更好地理解对方的观念和思路，这更加有利于说服成功。说服的目的就是要对方接受我方观点，这与下面要谈到的协商是不同的。关于如何说服，有关章节会详细阐述。

2. 协商

协商的含义是提供一些交换条件或提供让步，让对方接受我方的意见。当对方权力与你相当或权力比你还大时，可以运用这种方法，当然这种让步必须是合理的。协商与说服不同，协商是以让步为代价的。

3. 参与

所谓参与，就是让对方参加活动、参加决策或参加管理等。参与可以造成很强的认同感，因为"这件事我也有一份"，这种认同感就会影响对方的行为，使他倾向于认为"这是对的"或更加有积极性。参与是影响他人的非常有力的武器，我们在领导过程中应尽可能使用参与这一影响工具。

参与可广泛适用于权力比你大、权力与你相当、权力比你小的人。

4. 命令

所谓命令，就是告诉对方必须这样做的指示。

当对方的权力比你小，并且时间有限，决策压力大，又不能使用其他影响工具时，可以使用命令这一影响方法。命令是工作中常用的影响工具，在使用时应注意以下几点。

首先，命令不可以滥用，完全依靠命令推动组织的领导不是好领导。命令是常用的影响力工具，却不是唯一工具。

其次，命令应具有严肃性，命令一旦出现，下属就必须完成，下属没有完成命令必须受到处罚。

再次，命令必须完整，既有完成命令的责任人，又有完成命令的好坏标准，以及完成命令的时间，并且还伴着对命令完成情况的检查或抽查。命令完整，方为有效。

最后，命令必须正确，经常发布错误命令的领导，其影响力会逐步降低。

5. 榜样

榜样的含义就是以身作则，要求部下做到的自己带头做到。榜样的力量是很大的。榜样之所以会影响他人，主要基于以下因素。

首先，榜样有一种感召的力量，领导以身作则的行为可以感动下属。

其次，榜样也告诉了人们：既然我能做到，你也应该能做到。

再次，榜样提供了一种行为准则，让下属明白什么是可以做到的，可以做到什么程度。

当然领导不能事事去做榜样，比如领导不能自己代替工人去开机床。领导主要做共性事务的榜样和工作态度的榜样，比如，领导不尊重自己的上级领导，就很难指望自己的下级会尊重自己；领导自己天天上班迟到，就很难要求他人不迟到；领导工作粗心就很难要求下属工作仔细。领导的榜样是影响他人的重要方法。

第四节　上级领导与下级领导的影响力的关系

在上级领导与下级领导影响力的关系这一问题上，有两点是可以肯定的，一是下级影响力太小则不利于领导工作推行，二是下级影响力太大也不利于领导工作推行，不过第二种情况极为罕见。

先研究第一个问题：下级领导影响力大小。

下级领导（如总经理下面的中层干部）影响力太小就无法推动组织运转，这样势必事事推到上级领导（如总经理）面前，使上级领导陷入穷于应付的局面。上级领导的影响力与下级领导的影响力是正相关的，下级领导影响力越大，一般而言，上级领导的影响力也越大，就越能推动组织运转。从这个意义上讲，上级领导必须扶植下级领导，增大下级领导的影响力。

提高下级领导影响力的方法有：

（1）经常当着下级领导的下属的面表扬下级领导。

（2）在企业文化建设中加入"尊重中层干部"的内容，建设尊重干部的企业文化。

（3）指导下级领导频繁使用正负强化、正负惩罚的方法，以显示领导权威的存在。

（4）在下级领导与其下属发生矛盾时，一般情况下，先公开支持下级领导；如果下级领导有错误，应私下予以批评。在公开场合，一般还是支持下级领导，除非下级领导的错误特别明显。

（5）向员工强调，下级领导发出的命令就等同于上级领导发布的命令，违反下级领导的命令等于违反上级领导的命令。

当然下级领导还应依靠自己的力量，发展自己的影响力。发展自己影响力的主要方面是发展自己的非权力性影响力，但在实务操作

中,发展非权力性影响力其实是一件难度很高的事,不应对其有太高的期望。

有的领导有一种错误的想法,认为下级领导应自动发展自己的影响力。这种想法既是错误的,又是危险的。下级领导要大大提高自己的影响力,只有提高非权力性影响力(即威信)一条路,这条路是很难行得通的,万一行得通,那么这位威望极高的下属也是一个不稳定因素。这种上、下级不平衡的状态要么以上、下级激烈的冲突开场,要么以当中一人出走的形式结束。

我们要研究的第二种情况是下级领导比上级领导拥有更大的影响力,这是奇怪而且少见的局面,这种情况最好的结局是把这位下级升迁上去,否则常常就面临着上文所述的两种情况,上、下级冲突或当中一人出走。

提高下属批评承受力的心理技术

第九章

在领导工作中，批评是调控组织成员行为、使组织成员的行为与组织目标一致必须用的手段。

社会上流行一种说法：杰出的领导是鼓励人、表扬人但不批评人的。这种说法反映了广大人民群众的一种愿望，而不是一种科学结论。就如无数人学习成功学，不是因为成功学是科学的，而是因为成功学暗示的是世界上存在着一种无本、轻松、迅速发大财的知识，而且人人可以成功，这种说法反映了很多底层社会成员的内心渴望。

笔者接触了无数优秀的企业家、政府官员和教师，查阅了历史上杰出领袖的案例。数据统计显示：杰出的领导人都是会批评人的。当然他们是表扬为主、批评为辅，批评量约为表扬量的40％左右。

但是很多领导者在实际工作中发现一个问题：

不少组织成员在受到批评时，会有严重的抵触情绪，轻则怨恨满怀，重则泪流满面，甚至哭天抢地、撞头上吊也是有的。如何既可以批评组织成员，又使组织成员抵触情绪轻一点，是许多领导者所追求的。

在这里要特别提醒的是：组织成员在受批评时，毫无痛苦感也是不妥的，这样他就不会改正错误。但痛苦太大了，就会产生抵触情绪，一定程度上拒绝接受批评，降低了批评的效果。

提高组织成员对批评的承受力的办法主要是：

改变组织成员对批评的好坏评价。之所以组织成员受到批评时很难受，是因为组织成员认为受到批评百分之百是一件坏事。如果组织成员认为受到批评百分之百是一件好事，那么他受到批评时就会兴高采烈、眉飞色舞，当然这种状态也不是领导者所追求的。如果组织成员认为受到批评一定程度上是好事，那么组织成员就会心中有些难受，但对批评的承受力会提高。因此提高组织成员对批评承受力的主要办法是改变组织成员对批评的好坏评价，从"批评百分之百是坏事"

变成"批评一定程度上是好事"。

具体措施是反复多次让组织成员学习下面这篇文章。

受批评一定程度上是好事

员工在工作当中受到上级的批评，是一种十分普遍的现象。员工能够正确理解批评的实质，也是其成熟、合格的标志。从某种意义上讲，一个组织中的优秀成员，在其成长过程中，都能够保持良好的心态，正确理解批评的实质，他们的成长效率是与他们在受到上级批评时的认错、纠错能力成正比的。

那么，什么是批评的实质呢？

首先，批评是获得上级表扬与肯定的前提。组织中的成员，在其行为发生错误时，只有迅速地接受批评，再次领会上级的意图，并真心实意地承认错误，才能立即纠正偏差，改进工作，准确地完成上级赋予的使命；也唯有在此前提下，组织成员才能获得上级的表扬和赞许。没有人天生就会做事；也没有人在做成事情、获得表扬以前，是没有受到其上级批评、帮助、指正的；所以说，批评是表扬的前提。如果组织的环境氛围、人际关系的恶化堵塞了批评的道路，上级不敢批评下级，下级不理解上级的批评实质，那么，上级的意图永远无法准确地加以贯彻，组织成员就不可能以优异的业绩博得上级的真心表扬。

其次，组织成员遭受到上级的批评，也往往是其责任大、受重用的表现。一般而言，员工做事必然是多做多错、少做少错。干部管事也必然是管得越多、越宽、越复杂，产生过失的概率也越大。虽然，组织成员经常遭受上级批评，也不能绝对地说是好现象，但是，经过辩证分析发现，遭受批评多的组织成员所从事的工作往往是相对关键的，其所以能够从事该项工作也往往体现了被上级的重用。

再者,直截了当的批评是上下级关系密切的表现。运用社会心理学原理,来分析组织运作及人际交往过程中的批评现象,就会有这样的发现:上下级之间的心理距离越远,批评就越婉转;而其心理距离越近,批评就越直截了当。这就如同家长对子女、兄长对兄弟的批评,从来不会转弯抹角一样,正所谓"忠言逆耳利于行"。任何组织成员,都不希望与其上级存在较大的心理距离,因此,越是直言不讳、严于辞令的批评,我们越应该欣喜地接受;越是含蓄、温和的批评则反而须谨慎对待。

最后,观点直接、态度明了的批评是高效率的批评,是推动组织发展的前提。现代企业管理本身要求具备程序简单、条理清晰的做事风格,以迅速适应环境的变化,迅速达到既定目标。上级在批评错误的人或事物时,观点和态度含糊不清、似是而非,就会降低组织的纠错能力,降低应变效率。因此,直接明了的批评,是一个组织有生命力的表现。

在企业组织管理实务中,有许多经验表明:一团和气的管理作风,在国有企业中普遍存在,它是导致这类组织走向不景气的原因之一。正确的批评理念,在三资企业和民营企业中较多存在,它是三资企业、民营企业焕发勃勃生机的法宝之一。

笔者在组织大家反复学习以后,由人力资源部组织公司各部门实施,每周学习一次,持续了半年,员工对批评的承受能力得到了很大提高。因为他们认为"批评在一定程度上是好事"了。

特别要提醒的是:本篇文章学习两三次是没有用的,一定要多次学习,反复宣讲,才会有效果。

由于笔者有学者的特质,在提高下属对批评的承受力方面,也有过失败的探索,我把失败的经历呈现给大家,也许有些启发意义。

笔者考虑到人的情绪也会有类似条件反射的反应,比如领导总是在503办公室批评你,次数多了,数字503就会和负面情绪建立类似条件反射似的反应。假使你到某单位去公干,到该单位大门一看,××路503号,你就有可能不知不觉无法自控地情绪猛地下沉。或者,男人一进家门,女人就批评男人晚回家,次数多了,老婆这张脸就和负面情绪建立了条件反射,男人只要一看到老婆的脸,情绪就会不可控制地消沉下去,渐渐地就更加不爱回家了。当然女人多次猛地大骂老公晚回家,从短期效果而言,老公第二天、第三天是会早回家的,从长期效果而言,老婆的脸必然和负面情绪建立条件反射,老公必然更不愿意回家了,有的人甚至看到老婆的照片就会不知不觉无法控制地愁容满面。对于这种现象,很多女人是不知道的。当然老公晚回家了,老婆是可以批评的,但批评的次数不能太多,否则效果会和女人的目的相反。

反之,老公在厨房烧饭时,老婆就去亲吻他,让老公心情愉悦,次数多了,老公在潜意识深处就会不知不觉地把厨房与愉悦的正面情绪建立条件反射,老公只要一进入厨房,就会不知不觉地无法控制地产生一种淡淡的喜悦感,老公进入厨房烧菜的可能性就会增加了。当然,老公烧菜,老婆总是挑剔这个菜不好吃,那个菜盐放多了,老公进厨房的概率肯定是下降的。

于是笔者仔细观察了一下员工何时最喜悦,结果发现员工拿钱时最喜悦,其次是发福利时很喜悦,被通知升职时也很喜悦。

于是笔者采取了以下措施:每个人的工资袋里放一张批评小纸条,对其近期工作的不足之处提出批评。由于这个实验是2000年做的,那时发工资都是发现钞的,所以有工资袋。

发奖金时每人也附送了一张批评小纸条。

发福利时每人附送一张批评小纸条。

职称提升通知书后面附一张批评小纸条。

升职任命书后面附一张批评小纸条。

总之，好事后面必有一张批评小纸条。笔者的目的是尽可能地把批评小纸条与正面的情绪体验形成条件反射。

笔者的这场实验持续了一年零三个月，并且持续每周学习文章《受批评一定程度上是好事》。最终，笔者观察到"批评小纸条确实和正面的情绪关联在一起了"，便断然进行实验成果检验：不发工资也没有好事发生，全体员工只发批评小纸条，我在公司大堂观察，我发现整个大堂里的员工拿到批评小纸条后，竟然弥漫着一种欢乐的情绪，部分员工拿到批评小纸条居然出现了一种幸福的表情。

但笔者很快判定，这场实验是失败的。因为批评没有用了！如果事情走到了极端，效果就会走向反面。这是我 33 岁时做的一场实验，那时充满了好奇心，年纪大了就不太会做这种实验了。我把年轻时的错误呈现给大家，希望对学习者有所启发。

控制"老好人"的心理技术

第十章

大型组织官僚化是一个很严重的问题,在任何一个大型组织中都必然会有庞大的中层干部队伍。作为组织领导和基层成员之间沟通的桥梁,中层干部是组织发展的骨干力量,但大型组织中的中层干部做"老好人"是个屡见不鲜的现象,特别是在中国特定的文化中,这种现象更常见。

现实的大型组织管理活动中,有些中层干部往往在领导与下级之间小心翼翼地相处,面对上下的矛盾与问题,他们缺乏勇气,不敢站出来表明自己的态度、坚决支持上级的决定,把"说话圆通"奉为处世之道。当面对矛盾与问题需要表态时,他们仿佛表了态,实际上说的都是空话;面对下层组织成员提出的问题,他们会巧妙地把责任推给上级领导;当上级领导追问问题的时候,他们又常常会把责任推到下级组织成员身上,自己"多栽花少栽刺",他们不敢承担责任,不敢得罪下属,而一旦事情成功时,他们又往往会争着邀功,将功劳据为己有。

而这种"和事佬"在官僚组织中多有升迁优势!

这种"事不关己,高高挂起"的"好好先生"是大型组织管理中的一大危害。这种人总是设法掩盖或转移组织管理中的各种问题与矛盾,把自己置于解决问题的空间之外;他们总是从个人利益出发,对上级领导和下级组织成员采取圆滑的手段,双方都不敢得罪,也不过分地巴结哪一方,在风风雨雨的官场上寻求平稳地过渡上升。这种人号称"和事佬",有时在效果上还往往使自己成为"不倒翁",但他们对组织往往会造成很大的危害。

一般来说,喜欢当"老好人"的干部往往安享官位,为了个人私欲,将自己的智慧隐藏不用,在领导者迫切需要意见和办法时,为明哲保身不尽自己应尽的职责;对下面的人,他们又小心谨慎,遇事随大流,瞻前顾后,左右逢源,不得罪任何"同僚"。对上级总是小心提防,不求有功,但求无过。

但实际上,这样的人又怎能无过?无论是对组织、对上级、对下级还是对干部本身,这种人的危害都是极其严重的。

那么,如何防止大型组织中干部做"老好人"思想的抬头,在组织管理的实践中有力地防止这种干部对组织、对上级、对下级,甚至是对自身的损害呢?

一般而言,我们可从以下三个方面抑制"老好人"思想的产生,防止组织中"老好人"干部的形成、泛滥。

1. 组织成员民主选举,两头干部受罚

可以采取组织成员民主选举的方式来防止干部的"老好人"作风,具体办法如下:组织可以每隔一定的时间(如一个季度、半年、年终)进行一次组织成员对干部的民主评比选举活动,每位组织成员可以根据自己这一段时间来的观察和体会,采用无记名投票的方式选出自己心目中的好干部。

在选举以前,组织管理层可以在平时就公开宣传,选举的排名结果将张榜公布,对于排名头位且得票超过一定比率的干部,说明他是"老好人",组织都将进行一定的处理,包括批评、罚款、降级、开除等。

比如,对于排在最前面的干部,如果95%的组织成员评其为好的干部,则组织有理由推断该干部在平时工作中是人际关系导向,在平时工作中也往往不敢坚持原则,是"你好、我好、大家好"的"老好人"。对于这类干部,组织也将进行必要的处理,因为管理是不可能不得罪人的。并且在实际评选后,领导要找有"老好人"倾向的干部谈话,帮助调整其行为。

当然这95%的数值需要组织根据情况自己决定和调整。

这样,就可以将这些干部的价值观念转变过来,使他们认识到广受组织成员好评也并不一定是一件好事,与组织成员搞好关系、不得罪组织成员反而有可能将自己置于不利的境地。最重要的还是平时做好本职工作,从而将干部从关系导向引向工作导向。

排名最末的干部,肯定是能力不行、责任心不强,或者是业绩太差,至少威信不行,也是要处罚的,包括批评、罚款、降级、开除等。

这就是所谓民主考评两头处罚。

通过这些措施,要让干部、组织成员明白:作为一个领导者,应该敢说、敢做、敢负责任、敢维护真理,虽然这样一来可能会得罪一些人,但最终会赢得组织的信任和敬佩。

2. 在考核中加入有关内容

在组织文化宣传中反对"老好人",在组织内部形成反对"老好人"文化的基础上,还可以在进行每月一次的干部排序考核时将有关"老好人"的内容加入考核表,以此防止、减少组织中的"老好人"现象。

有关排序考核的原理、步骤、方法、作用在有关"人事考核"的部分已经做了相应的介绍,这里主要针对如何防止"老好人"设计一张相应的比较简单的考核表。

中层干部考核表

填表人:_____   填表权数:_____

项 目	项目权数	张三		李四		王五		陈六		朱七		李八	
		名次	分数	名次	分数	名次	分数	名次	分数	名次	分数	名次	分数
组织观念(服从性)	3												
创造能力	1.5												
"老好人"倾向	1.5												
计划能力	1.5												
指导部属能力	1.5												

在这张考核表中,我们对干部考核加入了"老好人"倾向这一项,在考核时要求填表人对待考核的干部根据其平时工作中的表现,对他们的"老好人"倾向情况进行排名,排名必须分出先后顺序1、2、3、4、5、

6，名次乘以该项目的权数，即可得到每一位被考核人在"老好人"倾向方面的得分。这一项目的得分将直接影响每一位干部的考核结果。

由于考核将作为干部工资、奖金、晋升、培训等的依据，如果某位干部的"老好人"倾向比较严重，在这一项上的得分明显偏高的话，他的总体排名就会被拖后腿，工资、奖金、晋升都可能受到影响，他将重新衡量做"老好人"的利弊、轻重。

另外，在考核结果出来以后，组织领导还可以根据考核表上反映的情况，找那些在这一项上排名考核靠前的人单独谈话，向他指出在考核中他被大家评为"老好人"倾向严重，要求他在以后的工作中引起重视，注意改进。如果连续几次被评为"老好人"倾向严重，这位干部的心理压力是可想而知的。为了消除在领导、组织成员中的不好印象，他将自觉或不自觉地改变自身一贯的"老好人"作风。

当然，如果组织领导觉得反对"老好人"倾向对本组织十分重要，和前面介绍的一样，可以将反对"老好人"倾向这一考核项目的权数加大，比方说从1.5增加到2甚至是3、4，以使干部、组织成员引起高度的重视。

3. 在组织文化宣传中加入相关内容

在组织管理过程中，规章制度规定了每位组织成员在组织中什么是应当做的，什么是可以做的，什么是组织反对做的，等等，规章制度在很大程度上可以调控组织成员的行为。但对于组织成员态度的改造和某些组织成员的不良行为，规章制度往往会失去用武之地。这时，就需要一种软性的管理因素——组织文化发挥作用。

任何一个组织都有自己独特的组织文化，有些文化可以将组织成员的观念统一起来，使之与组织的目标相一致，对组织的发展起到积极的促进作用；有些文化则可能是传统遗留的不良文化，会从某种程度上阻碍组织的顺利发展。组织文化可以自己慢慢形成，但这种自然形成的文化既可能是促进组织发展的文化，也有可能是不良文化，所以组织管理当局必须根据组织具体情况的需要，主动对组织的文化进行长期、坚持不懈的建设，以统一组织中全体组织成员的价值观。

关于组织文化建设的必要性、组织文化的内容、组织文化建设的步骤和方法，在"组织文化"一章中笔者会做比较详细的阐述。

在组织管理过程中，通过规章制度来规定不要当"老好人"是不现实的，在实践中也是行不通的。至今为止，笔者接触了数百个组织，每个组织的老总都对组织中中层干部的"老好人"现象深恶痛绝，但还没有发现有哪家组织在其规章制度中有有关"老好人"的部分，规定如何处罚的标准。在处理"老好人"问题上，规章制度往往无能为力。

因此，本着预防、教育为主的目的，组织管理层要在日常的组织文化建设中有意识地加入预防、反对"老好人"现象的内容，在公司内部倡导一种"老好人"可耻、反对"老好人"的组织文化。

首先，组织管理层要向组织成员阐明"老好人"的界限。在组织内部，不可避免会有部分组织成员对"老好人"的界限与标准没有明确认识，所以在反对"老好人"之前应由总经理或有外部工作经验的组织成员进行宣传教育，让大家明确"老好人"的界限、标准、表现及其带来的危害。

在组织成员明确了"老好人"的界限、表现以后，接下去就可以组织专人收集有关"老好人"的相关资料，从组织内部和组织外部寻找实际的事例，并树立正反面的典型，编制成专门的组织文化学习材料。

在公司组织文化建设中重点宣传反对"老好人"，通过早会、写思想小结等形式来向组织成员宣传"老好人"对组织、对别人和自身的危害，在全公司范围内形成一种反对"老好人"、不当"老好人"的组织文化。

对一些有"老好人"倾向的干部与组织成员，除了平时一般的学习之外，组织还可以在早会上宣讲"老好人"的表现、"老好人"的危害以及反对"老好人"。这样，就可能给这些干部、组织成员施加巨大的心理压力。因为一方面,从他的内心深处,他是想当一个"事不关己,高高挂起"的"老好人";但另一方面,在组织成员的心目中,他有可能恰恰就是自己所说的"老好人",正被下面议论。为了减少这种强烈的心理冲突,他很可能改变其行为,改变自身的"老好人"倾向,在以后的工作中坚持原则,努力向组织成员证明自己并不是"老好人"。

根据笔者多年的经验,通过以上三个措施,是可以相当程度控制"老好人"现象的。

采购回扣控制心理技术

第十一章

目前，我国市场不够成熟，法律不够健全，特别是司法实践中执行力差。在经济活动中，大量存在着无法可依和有法不依的现象，其中比较普遍的现象就是各行各业的企业采购人员收受回扣。所谓回扣，是指在交易过程中，为了争取交易机会或获取优惠的交易条件，一方当事人在账外暗中向对方单位的有关人员提供金钱、实物或其他服务。回扣的实质就是采购人员为了获得个人的经济利益而出卖企业更大的经济利益，使得企业的采购成本不正常地增加。由于拿回扣对双方当事人都有好处，活动在暗中进行，因此利益受损的企业很难发现。

回扣的种类繁多，形式五花八门，其危害性也相当大。它不仅增大了采购企业的成本，而且违背了正当竞争的法规，从而把正当的经济交易活动引向了歧途，对一个企业的道德风气的建立也相当不利，所以必须严格控制采购人员收受回扣。

目前，在企业中普遍认为推销工作更重要，并把大部分的希望寄托在通过提高销售额来提高企业利润上。诚然，销售额的提高对于企业的生存和发展具有不可低估的作用。但企业往往会忽视另一个重要的利润来源——采购成本的下降。采购成本在企业运营成本中占有很大比重，因而采购成本的下降可以大大降低运营成本，从而提高企业利润率。仅从提高企业利润的角度来看，降低采购成本比提高销售额更为有效，俗话说"节省了一元钱就是赚了一元钱"。因为每降低一个百分点的成本，就几乎相当于提高了一个百分点的利润率；而同样，提升一个百分点的利润率，则可能要求销售额提高 6~8 个百分点，因此可以说，降低成本比提高销售额相对于企业而言要容易得多。在当前经济形势持续低迷的情况下，大多数产品的市场都是买方市场，企业要提高自己销售额相当不容易，并要付出很大的努力，因而通过降低采购成本来提高企业利润进而增强企业竞争力就显得尤为重要。

为什么大家更重视增加销售呢,因为控制成本是件十分得罪人的事,会引发各方的关系紧张。在企业内部负责控制成本的干部,经常会被各方盯住,放大他的缺点,向组织最高领导反映控制成本的干部有各种缺点的小报告也是最多的。另外监控部门的干部也是容易遭受各方反感的,一般而言,哪位干部被任命为负责成本或负责监控,那么他升迁的概率就下降了。这需要组织系统的最高领导有清醒的认识,不要轻易相信他人说控制成本干部或负责监控干部的坏话。

控制采购人员拿回扣的现象主要应从建立一套严格的、完善的管理监控奖罚机制入手,使得采购人员拿回扣更加困难,更加容易被发现,受到的惩罚更大,从而大大增加采购人员拿回扣的风险成本。当采购人员发现拿回扣的风险代价大于拿回扣可获得的经济利益时,一般就不会去做这种得不偿失的事了。控制采购人员拿回扣的主要方法有下面几种。

1. "双啄木鸟"制度

笔者的习惯是在大规模的并且重要的采购领域安排"双啄木鸟"制度,重要的供应商都要签一份"啄木鸟"合同,供应商有义务轮流充当"秘密啄木鸟",当笔者秘密指定他为本期"啄木鸟"时,他就有义务带上录音笔给采购方的工作人员去送回扣或者去谈回扣,如果收集到采购方工作人员拿回扣的证据,就会成为对采购人员处罚的依据。

另一方面,笔者所管辖的公司的采购工作人员也要签一份"啄木鸟"合同,采购工作人员有义务轮流充当"秘密啄木鸟",当他被公司抽中当本月"啄木鸟"时,他就有义务带上录音笔给供应方的工作人员去索取回扣或者去谈索取回扣,如果收集到供应方送回扣的证据,就会成为处罚供应方的依据。

在笔者管理的公司中，采购方和供应方签订的"啄木鸟"合同中明确规定：一旦有证据证明供应方提供回扣或者谈判提供回扣，供应方要支付巨额的违约金，并且未结账货物的款项自动降价一半。

同样，公司与采购工作人员签订的"啄木鸟"合同中明确规定，一旦有证据证明采购工作人员拿了回扣或者和供应商谈判回扣，采购工作人员要支付巨额的违约金，并且开除职务，而且"啄木鸟"合同中授权公司可以把他索取回扣这一事实永久地在公司指定的网站上公布。这样对他以后找工作都会产生巨大的负面影响。

"双啄木鸟"制度是公开宣布的，而且要大张旗鼓地宣传。采购工作人员和供应商都知道"双啄木鸟"制度，但谁是"啄木鸟"是秘密指定的，并且人员是不固定的。于是采购工作人员与供应商都心存怀疑、互相防范，供应商有人来送回扣，采购工作人员也不敢拿，因为采购工作人员怕对方是"啄木鸟"，采购工作人员向供应商索取回扣，供应商也不敢给，因为供应商害怕对方是安排的"秘密啄木鸟"。笔者使用这套制度，不能说百分之百见效，但很大程度上控制了回扣。

笔者使用过各种控制回扣的制度和方法，还是感觉"双啄木鸟"制度效果最好。当然这套制度比较适合大中型企业，小企业回扣问题不大，可以由老板亲自抓重要物资采购。

2. 外设督查小组抽查采购价格，并定期比较，召开价格说明会

笔者控制回扣的另外一个重要措施是：在公司外部设立一个督查小组，其和公司内部人员不发生横向联系，只跟笔者以及公司负责监控的副总经理联系。小组的任务是以抽查的形式，伪装成采购人员到市场上去摸清楚公司采购原材料的价格，并定期把价格汇报到笔者处和负责监控的副总经理处。负责监控的副总经理对比价格，发现实际采购的价格比督查小组价格高很多，或者高过一定的比例，就要召开价格说明会。

所谓价格说明会，被笔者管理的公司中的广大采购人员戏称为

"说说清楚会议",就是负责该项产品采购的人要来解释清楚为什么他的价格高了。并不是说价格高了一定就是拿了回扣,可能是谈判能力问题,也可能是工作态度问题。总之采购人员需要给予解释说明,要让领导放弃对他拿了回扣的怀疑。

这种"说说清楚会议"通知单给采购人员形成的心理压力是巨大的。这种"说说清楚会议"通知单,每当月末就会飘几张去采购部。大部分人是说得清楚的,少部分人越说越不清楚,乃至永远也说不清楚。对于这种经常说不清楚的人,即便没有拿回扣,至少工作能力或者工作态度有严重的问题,按照合同约定,就解聘工作了事。

通过外设工作监督小组来控制回扣,是要花费成本的,这种方法也只有对大中型公司有用。另外可以考虑把这个监督工作外包,也是一种降低成本的办法。

3. 加强法制教育和道德教育

对员工进行法制教育,教育员工遵纪守法,应以社会上经济犯罪的种种案例为反面教材,给员工敲警钟,必要时可组织采购人员收看有关典型案例的视频,参观拘留所、监狱,以活生生的事实教育大家千万不要见利忘义,不要因占小便宜而吃大亏,要堂堂正正经商、清清白白做人。

道德教育,尤其是职业道德教育,应该是企业的一项经常性工作。教育大家遵守公司的各项规章制度,尤其是在财务制度方面更不能越雷池一步,不能收受任何形式的回扣和馈赠。遇到对方给予回扣或馈赠时,先是婉言回绝,实在不能回绝时,应按规定如数上缴。公司应树立这方面的典型,进行大力表扬,并给予奖励,号召员工学习这种精神。

4. 鼓励未进供应商名单的其他供应商检举揭发

稍微管理规范一点的公司,都有主要原材料供应商名录。当然光靠供应商名录是无法解决问题的,未进供应商名录的其他供应商千方百计想钻进供应商名录,这种积极性是十分高的。这种积极性就可以转化为对已进供应商名录企业的监督。笔者在管理过的几家企业中,都公开号召未进名录的供应商"自己动手,丰衣足食",只要能检举出已进名录的企业对我公司送回扣,证据确凿而非道听途说,则可以优先进入供应商名录。

这件事是公开进行的,特别是要让已进供应商名录的企业充分感知这件事,虽然他们是不开心的。我的目的不是让他们开心,而是要压制他们送回扣。即便是有些检举道听途说,材料不够确凿,笔者照样会命令主管监控的副总经理或者副总裁把检举材料内容告诉被检举的供应商。被检举的供应商确实是非常不爽的,也肯定不会承认,但压力是有的,送回扣的概率肯定是下降的。

做这件事要充分动员,广为宣传,指东打西,表面是动员未进供应商名录的企业,压力是压在已进供应商名录的企业身上。

当然,控制回扣是一件非常复杂的事情,笔者在实际工作中采取的措施远比上面多。比如,对采购人员进行全面的房树人图画潜意识心理分析、文字潜意识心理分析、心理测量量表分析、沙盘潜意识心理分析、肢体语言潜意识心理分析。这些都不是本书的内容,但在鞠门学派的学习中,这些都是重点要掌握的。俗话说"知人知面不知心",洞察人心是一件高难度的工作,却是一件非常重要的工作,不但对于采购人员的心理特征要进行全面的分析,而且对于组织高管、关键组织成员、重要的合作伙伴甚至结婚对象、儿媳女婿、男女恋人都要进行全面的心理分析。

学了上述四个方法,一定对你有重大的启发意义,学过的比没学的还是高明了许多。

管理小道消息的心理技术

第十二章

管理小道消息的心理技术

1. 小道消息的含义

所谓小道消息,就是指由非正式渠道传播的消息。小道消息又有一种通俗的说法叫"群众舆论"。

小道消息传播的主要模式是:在关系较亲近的人之间互相传播。小道消息对组织成员的工作士气、心理状态、工作行为有重大的影响。在实际工作当中,有许多领导在对小道消息管理方面,存在理解上的误区。其主要表现为三个方面:一是完全忽视了小道消息对组织管理的影响,没有对小道消息加以管理;二是没有用正确的方法对小道消息加以管理;三是企图在组织内部完全消灭小道消息。这三种做法都是不对的。

2. 小道消息的特点

小道消息有以下四个特点:

(1) 信息失真严重。

小道消息传播的信息与客观真实情况常常相距甚远。小道消息在传播过程当中,往往会不断地被传播者根据自己的需要,进行加工、改造、夸张、缩小、删减、增加。小道消息经过多处传播以后,失真程度非常大。这种现象已经被许多实验与事实所证明。

有一个这样的例子:

> 某省政府的高官于某年秋天到某一临近湖泊的县城视察工作。
>
> 该县城的渔业比较发达,是该县的主要经济支柱产业。该省政府高官视察工作的实况,被当地报纸、电台、广播广为宣传;但民间谣传的信息却与官方宣传的口径截然相反。
>
> 民间纷纷传说,该省政府高官到本县城根本不是来视察工

作,而是为了吃大闸蟹的。又有消息生动地描绘道,该省政府高官一口气吃了28只大闸蟹。还有消息传出,该省政府高官吃大闸蟹被刺卡住了喉咙。最离奇的消息是,该省政府高官配了好几副假牙,一副是专吃大闸蟹的,另一副是专啃猪蹄的,还有一副是专吃山珍野味的……

这些消息被传得沸沸扬扬,而最令人感到奇怪的是,几乎人人信以为真。

其实只要冷静地去想一想,就会知道上述小道消息是完全靠不住的。因为该省政府高官如果想吃大闸蟹,完全用不着跑到小镇上去,他在省城可以吃到任何数量和质量的大闸蟹。至于一口气能吃28只蟹,更是绝不可能,任何人都没有这么大的胃口。而且大闸蟹也没刺,该官员也不会愚蠢地配多副不必要的假牙。该省政府高官之所以被描绘成这样,是因为老百姓对贪官污吏十分憎恨,他们在小道消息的传播过程当中,把自己的感情掺杂进去,对信息进行了加工改造。

(2)扩散迅速。

小道消息的传播速度是以几何级数增长的,传播的速度非常快。比如,在小道消息的传播过程当中,每人每天向3个人传播的话,那么第二天就有9人知道了小道消息,第四天就有81人知道了小道消息……第八天就有6 561人知道了小道消息……第十六天就有4 000多万人知道了小道消息。

(3)相信者众多。

由于小道消息是在亲近的关系人群中逐层传播,因此人们常常对小道消息深信不疑。比如,在省政府高官吃大闸蟹的事例当中,该官员的行为被描绘得荒谬绝伦,但是该县城里的人都深信不疑。正因为如此,错误的小道消息有时会对企业产生重大的影响,所以对小道消息放任自流是不行的。

（4）小道消息的多少与正式沟通渠道开放程度成反比。

信息沟通渠道越是封闭，小道消息就越多，所谓"大道不通，小道畅通"指的就是这种状态。我们在企业当中做了大量的调查，这样的状态是广泛存在的。

3. 小道消息的管理原则

（1）开放正式的沟通渠道。

根据上面的分析可以知道：在公司内部应尽量开放各类信息渠道，尽可能及时公布各类信息，除非是十分重要的商业机密。公布的方式有：开会宣布、内部刊物宣布、板报宣布等。

（2）管理好小道消息传播积极分子。

在任何组织内，积极传播小道消息的人总是少数。有的资料显示：这类人大约占组织成员总数的2％～5％。这一小撮人就被称为小道消息传播积极分子。对于小道消息传播积极分子要进行有效的管理，首先是尽可能让小道消息传播积极分子获得正式的信息；其次是对于危害较大的小道消息传播积极分子，要予以教育、处罚，乃至除名。

在企业中，比较容易产生小道消息积极分子的部门有医务室和文印室等。大多数公司的医务室和文印室都是小道消息收集、加工、扩散的中心。

（3）大力培养正面舆论。

应通过企业文化建设统一内部的基本价值观念，培养正面的舆论。这一部分会在关于企业文化建设的专章叙述。

（4）维持适度的小道消息。

小道消息的传播过程，也是组织成员不满情绪的释放过程。适度的小道消息的传播，有助于宣泄并抚慰组织成员的情绪。人们通过小道消息的传播可以在感情方面获得一定程度的满足，所以适度的小道消息对提高组织效率是有利的。我们虽然不主张让小道消息任意泛滥，但是也不主张把所有的小道消息全部剿灭。有的公司对传播小道消息的人，采取极为严厉的制裁措施，导致大家不敢说话。在这种"不敢说话"的环境当中，组织成员会感到非常难受，导致人员的主动辞职率上升。

在我国的历史中，曾有过人人不敢说话的阶段，在那个阶段，人们的心情是压抑的、很不愉快的。

如何提高时间利用率

第十三章

13

第一节　防止时间利用率低的四个常见错误

领导者应该清楚地意识到,领导管理方法的失误,会浪费领导者的时间和精力。下面这些工作方式,就是浪费时间和精力的常见现象。

1. 频繁地从一项工作转移到另一项工作

人在从事某一项工作的过程中,会自动积累做好这项工作的经验、技能。这些因素的产生也只有在连续不断的运作过程中才会形成,所谓"熟能生巧"。过于频繁地从一项工作转移到另外一项工作上去,那么不论是哪项工作,都无法通过连续不断的运作所导致的熟练程度引发出一个"巧"来,永远停留在一个熟悉阶段、启动阶段。

除了经验与技能的熟练,需要对某项工作进行连续性操作外,人在从事某项工作时的思维状态与情感状态也要求在工作时一气呵成。人的思维必须保持连续,才能做到深刻与系统,人在从事某项工作时的激情也必须在一定时间的培养、积累基础上,才能进入最佳状态。因此,频繁地从一项工作转移到另一项工作,也会导致自身思维与情感的不稳定,难以集中思想、专心致志地做好任何事。到最后,看似做了不少事,但实际上一事无成。

2. 最不重要的工作首先着手解决

许多领导者虽然能够在工作安排上分清主次,但是往往习惯性地认为:应该首先着手于最不重要的事情。他们这样做的理由是:通过次要工作的操练来启动自己的思维与激情。这实际上是一种精力耗散的做法。人的精力是有限的,尤其是领导者的精力更加有限。俗话说"一日之计在于晨",人的精力最旺盛的时间在于早晨,在于人经过养精蓄锐以后的第一时段,在这个时段当中,必须从事的是一天当中最重要的事情。精力最旺盛的时段,也是思维最活跃、最具创造力的时段,而重要的工作往往需要通过思维的活跃、通过创造性决策来高效率地加以完成。当领导者把活跃的思维与创造性决策用于次要的琐事之际,充实的精力也随之逐渐消耗;等到他所认为的"思维与情感渐入佳境"的时候,自己的精力已经没有多少能量将这种"佳境"维持下去了。于是,重要的工作往往因精力不支而被拖延、耽搁。

3. 把一天的时间表排得满满的

在许多领导者看来,把一天的工作安排得满满当当是其尽职的表现,因为这样的领导者能够给员工勤奋、事业心强因而值得信赖的好印象。但是把一天的工作安排得满满当当的做法,从一定意义上讲,所起到的作用仅此而已。从管理系统化的角度考虑,任何一种工作系统的设计都存在意外发生的可能,所以任何工作计划都要求留有解决意外事件的充足时间。只有这样,才能切实做到"今日事今日毕"。

如果将一天的工作内容安排得满满当当,则领导者在某项工作执行当中产生计划外的偏差,就会出现两种情况:一是延后其他计划内的工作,首先着手解决出现意外的工作任务;二是将出现意外的工作内容搁置一边,按计划开展下一项任务。但是,由于一天的工作时间全部被排满,因意外而耽搁的工作显然无法在当日完成,必须推延到下一个工作日或加班加点来进行。所以,越是严密的工作计划,越是要留出处理意外事件的时间。

4. 下属做得不如自己做得好,亲力亲为才能把事情做好

有些领导者为了确保每项工作都能够百分之百地按照自己的意图加以完成,对下属在执行过程中的能力表示出种种怀疑,事事亲力亲为。本来应该以管理决策为己任的领导者,因此成为事无巨细、大包大揽的操作者,其结果又往往是忙忙碌碌却成效很低;同时,管理决策的精力被亲力亲为的琐事所消耗,导致决策水平出现滑坡。

在客观上,下属的能力比领导者低,这是不容争辩的事实,领导者不应该对下属的能力存在缺陷而耿耿于怀。在主观上,领导者的意

图、工作的目标,是一种尚未实现的规划,是一种思维形态,所以也是很难被百分之百地描述并被下属全盘理解的。领导者对下属在执行工作目标的过程中出现认知上的偏差,也应该以理解的态度来对待。领导者的职责就是通过决策来防备偏差的产生,以及弥补、修正已经产生的偏差。

第二节 导致高层工作"过忙"的常见因素

1. 没有建立完善的控制系统,导致不敢分权

必须充分认识到,分权与监控是达成一项管理目标相辅相成的一种组合系统;可以说,没有完善的监控系统,希望以"分权"来实现管理目标,是难以长期维持的。从一定意义上讲,建立完善的控制系统是顺利分权的前提与长期维持的保障。

2. 没有注意人力资源的培养,导致无法分权

领导者由于没有优秀的下属,无法做好工作,领导者只能事事亲力亲为。每个领导者都希望自己的事业越做越大,体现在领导管理上,不可避免地导致管理层面化,分权在所难免。因此,当领导者产生做大事业的信心与条件时,首先必须重视人力资源的培养,为形成管理梯队奠定基础。

3. 严格要求部属的能力达到与领导者同等水平,由此经常产生"还是自己干更好"的感觉,导致不愿分权

事实上,下属的水平不如领导者是正常现象,否则,下属就应该是领导者了。当领导就必须学会容忍下属干得不如自己好这一事实,所谓"气量宏大",主要表现之一就是容忍下属的错误。

4. 认为忙是勤劳的表现,导致为忙而忙

在日常工作当中,人们所认为的忙主要是指人的形体运作上的动感强烈。因此,领导者端坐于办公桌前的静心思考,以及为了提高思

考的效率而进行的适当娱乐,往往被外界认为"不忙"。许多领导者为了以身作则地向下属表示自己勤奋尽职,往往为忙而忙,却不知所为。

5. 企业"黑箱"操作太多,领导只好亲力亲为

企业为了在竞争环境中维持生存与发展的态势,往往在一些运作环节上采用不为外界所知的"黑箱"操作。由于这些"黑箱"操作,大多存在着商业机密或者违法现象,因此领导者只好亲力亲为。应该说,任何企业都有自己的商业机密,这些商业机密也并不违反商业道德,在下属具备忠诚度以及保密规章健全的前提下,是完全可以成为下属的职责,放心交由下属执行。但是违反商业道德的"黑箱"操作,在现行企业当中依然很多。对这类"黑箱"操作,虽然只能由领导者亲力亲为,但这样的操作往往会增加社会运营总成本,长期依靠这类"黑箱"操作的领导者通常很忙。

6. 企业工作没有及时程序化,导致请示太多

企业管理的程序化程度并不是越高越好,但也不是越低越好,一切都必须视企业生命周期及实际管理需求而定。但是管理的程序化是企业开展任何规模业务所必须具备的前提。管理程序化体现在领导学领域就是职责明晰化所导致的决策程序化;缺乏这一重要环节,必然导致下属没有决策的明晰职责范围,甚至没有决策权,导致下属请示过多。

7. 不善于抓工作中的重点,本末倒置,或先干次要的工作,后干重要的工作,导致太忙

所谓工作重点,是一个业务体系当中牵一发而动全身的关键所在,是纲举目张的纲要所在。领导者在管理工作中,纲要性工作永远是重要的、高难度的,但数量较少。本末倒置的原因,一是领导者在技能上缺乏对纲要性工作的判别能力,二是非纲要性工作虽然众多,却相对简单、易操作,从而产生以数量来显示自己成功的心态,这不过是自我安慰式的本能需求。

8. 把个人感情注入人事关系纠纷当中,浪费大量时间

比如,一个跟随多年的老部下,采购中拿了回扣,在处理时犹豫不决,感情冲突激烈,浪费了大量时间。大量事实表明:一个成功的领导者,在组织机构管理当中,对人对事不能掺杂个人情感,否则就不是对组织机构负责的表现。

9. 没有把市场部与销售部分开,使得业务跟业务员个人有很大的关系

大多数企业领导者,为了外接业务的安全性,防止业务员"吃里扒外",只好亲自参与业务,从而导致自己很忙。

事实上,企业只有设立强大的市场部,依靠企业品牌而非业务员个人关系,才能确保业务的安全性。

10. 工作无计划,导致头绪混乱而太忙

作为领导者,应该给自己留下思考、学习的时间,思考、学习的时间越少,领导者越容易陷在细小的事务堆中,也越容易犯方向性错误。一旦产生方向性错误,领导者将更忙。我们并不提倡每周工作七天,如果长期工作排得太满,应反省自己的工作方法,每周留半天的时间思考、散步是必要的。

特别要提醒的是,鞠门学派提高工作效率还有一个极其有效的办法,去练习鞠门学派独有的一种自我催眠术,名字叫"鞠门学派身心柔术"。

这是一种运用传统太极和气功手法,结合了肢体语言心理学和催眠心理学的身体锻炼方法,外在表现方式像做体操,但效果与体操、太极、气功差异极大。本质上也与体操、太极、气功差异极大,可以极大地改善压力、平稳情绪,特别是可以提升精力,提高管理人员工作效率,节省工作时间。

杰出领导人的二元心理特质

第十四章

14

长期以来，笔者边教书边管理企业，并且咨询整顿过不少企业。在中国，有钱的成功企业才做咨询。笔者长期教授总裁班或者EMBA班，这些学生很多都是白手起家的企业家，也接触了不少政府官员，这就使我有机会深入观察与了解成功的总经理的个人特性，从中发现了许多有趣的规律。我发现成功的领导者身上都充满了"矛盾"的特性，把矛盾的东西有机地统一于一体是成功领导人的典型特征。

1. 直觉与逻辑分析能力并重

直觉就是凭感觉进行决策，当涉及决策的因素太多时，就凭直觉决策。

逻辑分析能力就是依靠逻辑推理决策，当涉及决策的因素有限时，就依靠分析决策。

直觉与逻辑分析能力似乎是矛盾的。一般而言，直觉强的人，逻辑分析能力就差；逻辑能力强的人，直觉就差。直觉与逻辑能力拥有其中一项就会小有成就，同时具备两种素质的人少之又少。

但在管理决策时，首先要求有极强的分析问题能力，尽量依靠数据、因果关系、推理等逻辑分析来决策。

例如，在销售渠道决策时，应分析中间商作用、成熟度、当地劳动力成本、市场大小、应收账款风险、技术支持程度等，这些都需要逻辑分析。

又如，做一个民用产品决策时，例如冷饮，更多靠直觉。当年联邦快递创始人还是学生时就提出了这个创业构想，却遭到老师的否定，但他凭直觉知道这是可行的。马云也有类似的经历。

当然，一味只靠直觉是不行的，否则企业战略与产品开发可能是对的，但管理常常是糟的，会消耗许多应得的利润。

一味靠逻辑也是不行的，重大的决策涉及因素太多，很难依靠逻辑分析取胜。直觉不行的人只能经营小企业。

成功的商业人士是直觉与逻辑并重。

2.胆量与谨慎并重

成功的老总都胆大与谨慎并重,他们在抓机遇时都表现出了大智大勇,但在实施决策的过程中又显得十分细心,对每一个环节都抓得很认真。例如,他们常常能一眼就看出合同中个别的错别字,一听汇报就发现几个小漏洞。

最糟的经理是:决策因循守旧,迈不开步子,抓不住机遇,患得患失,执行时非常粗心,显得十分大胆,即使有好的决策也会失败,而且还分不清是由于决策失误还是执行有误。这种行为特征就是普通人的行为特征。

3.情商与敏感性并重

情商即控制情绪的能力,主要是承受压力的能力。敏感性即对内外部环境变化的感知程度。毫无疑问,这两者都是很重要的。

经营企业难免会遇到许多困难,成功的老总都有一个打不垮的神经系统,他们对压力的敏感程度要比常人小得多。情商高的人易于成功,主要原因是在高度压力下能保持理智,决策准确性高。

对变化的敏感性也是很重要的,敏感性差的人很难发现机会与危机,自然也不能把企业做大。

问题是对变化敏感性强的人常常对压力的敏感性也强,常常情不自禁心潮澎湃、热血沸腾,要保持情绪平稳很困难。

一次,一位成功的总经理陪我吃饭,那时正是他非常困难的时候,吃饭时接了一通电话,随后又谈笑自若地聊天,之后我才知道电话里告诉他由于资金周转不灵,债主到法院上诉,公司很可能破产。

我还认识一个企业年利润很高的老总,再大的压力,只要 15 分钟就能入睡。所以他才能管理好大的企业。

成功的老总都是这种情商与敏感性并重的人。

4. 创新与总结能力并重

企业必须创新,我们可以举出不计其数的例子说明企业成功是由于创新。总结能力是发现规律的能力,规律必然是对思维的某种限制,善于总结的人常常创新能力不强,而创新能力强的人常是发散性思维,其总结规律能力不强。能够把这两种素质有机结合在一起是非常困难的,所以成功的企业领导总是少数。

5. 宽容与严格并行

宽容是一种心理素质,主要是对差异的接受,对差异的接受包括对错误的接受。有的领导不能容忍思维方式和活动方式与自己不一样的人,这就是所谓气量狭小。领导的目的是做成事而不是为了自己看得顺眼,所谓"水至清则无鱼,人至察则无徒"就是这个意思。另外,培养一个干部总是要允许他犯错误的,不允许下属犯错误就无法培养出有力的干部队伍。

严格的含义是对行事结果严格,而不是对行事方式严格。一个下属过了培养期后,就应对其奖罚分明、严格管理。

所以成功的企业领导人既宽容又严格,把这两者恰如其分地结合在一起是不容易的。

行为调控的强化理论

第十五章

15

强化理论是人的行为调整的核心理论。强化理论与强化是两个概念,强化理论包括强化与惩罚。强化分为正强化与负强化,惩罚又分为正惩罚和负惩罚。两者应该相辅相成、协调发展。因为人的行为特点是"学坏容易学好难"。好行为不鼓励不会成长,坏行为不鼓励也会到处生长。仅仅实施强化,好行为得到鼓励,坏行为没有抑止;仅仅实施惩罚,坏行为得到抑止,好行为没有得到鼓励。两者都有偏颇,所以两者共进才是完善的领导行为。

强化、惩罚的本质是通过广义的利益去调控人的行为。这里的利益不仅指物质利益,而且指精神利益,或者心理利益。特别在组织高层,通过心理利益去调控组织成员行为特别重要。

在领导工作当中,许多领导调控下属行为的手段非常单调,除了表扬批评、奖金罚款之外基本上没什么新的手段。这是一个很大的错误。因为用多样化的调控手段刺激个体可以保持调控手段的边际效益最大。比如,我们把吃鲈鱼当作激励的一种,今天吃鲈鱼,可能感觉味道鲜美;明天吃鲈鱼可能感觉味道不错;后天再吃可能感觉味道尚可;天天吃鲈鱼,鲈鱼的激励作用在逐步下降,吃上一年的鲈鱼就不是激励,可能变成一种惩罚了。总有一天,当下属犯了错误,可以对他惩罚道:"××,怎么搞的,又出错了,今天中午吃鲈鱼!"这就是所谓的物极必反,重阳必阴,从激励因素反成为惩罚因素。所以,在领导过程中,调控个体行为的手段必须多样化,以保持调控手段边际效用最大。

第一节 强化的具体方法

所谓强化,就是当个体出现符合领导意图的行为时,领导给予个体所喜欢的东西或移去个体不喜欢的东西,使个体的行为趋向重复。

强化分为正强化和负强化。

所谓正强化,就是当个体出现符合领导意图的行为时,领导给予个体所喜欢的东西,使个体的行为趋向重复。如给予奖金、给予表扬等。

所谓负强化,就是当个体出现符合领导意图的行为时,领导移去个体所不喜欢的东西,使这种行为趋向重复。例如,允许不上班休息一天、给予不打考勤的特权等。

对于正、负强化的理解,应注意的事项有:

定义中用的"趋向"一词意指有这种行为倾向但不一定实现该行为。"趋向重复再现"指有重复再现的倾向但可能不会实现重复(当然也可能实现重复)。

实现正、负强化的方法除奖金和表扬外还有很多。

1. 记功制度

通过组织内部文件的正式规定,明确记功的行为等级,并通过记功使个体得到精神的满足。比如,我国军队中的记功制度便是较成功的典范。记功制度是否有效,其关键是"严肃"。记功制度必须伴随着严肃的会议、庄严的公告、领导的讲话、如潮的掌声、羡慕的眼光、闪亮的奖章、正式的颁发。如果把这些庄严的、神圣的、辉煌的仪式全部取消,记功制度本质上与幼儿园小朋友脑门上贴个五角星是没有区别的。换言之,荣誉感是外在赋予的。假定配上高昂的进行曲、缤纷的鲜花、如潮的掌声,由一个社会公认的高层人物出面,在某成人脑门上贴个五角星,该人也一定会感受到无比的激动和自豪。

2. 提高享受信息的等级

人们的一般观念是:地位越高的人,获得组织的内部信息越多。通过组织的正式规定,享受信息等级也可以成为调节人员行为的工具。比如,政府部门的职员待遇除物质待遇外还有政治待遇,而政治待遇的实质是享受信息的等级。不同的政治待遇下,可以阅读的机密文件级别是不同的。有的政府官员会自豪地声称："我的物质待遇虽然是副处级，但政治待遇是正处级。"这种心态便是用享受信息等级调节的结果。在企业中可以这样规定：××虽然是部门副经理，但可以参加部门经理会议；或××虽然是部门经理却可以参加总经理办公会。这就是提高享受信息等级，给予个体强化。

3. 冠名激励

在管理活动中，可以将某个组织、某幢建筑、某项发明或某个产品冠以表现突出的组织成员的名字以示奖励。比如某公司行政大楼的名字每年都变换，每年以全公司最佳员工的名字命名该大楼，去年叫"张立之楼"，今年改为"陈南凡楼"。又如军队系统中的"叶挺独立团""雷锋班"，某学校领导授予的"牧云城教学法""楼大为班"，科学领域中的"牛顿定律""门捷列夫元素周期表"都属此类。

4. 替他在妻子单位扬名

中国人的传统观念是"夫贵妻荣"。如果丈夫有所成就，妻子总希望尽人皆知其丈夫有所成就。但妻子常又不好意思主动对周围的人说："我老公升官了，我老公评上职称了，我老公得奖了……"领导的要义是满足下属需求。假定某人的丈夫在你单位，他被提拔了，评上职称了，得奖了，你可向下属妻子单位寄一张没封面的明信片祝贺其丈夫工作获得成就，写明其丈夫被"提拔为……""评为……""获得……"并感谢妻子对丈夫的大力支持。这种明信片在下属妻子单位流通一番后，必定可以使得她丈夫的杰出成就尽人皆知；从而可以使下属妻子心情愉快，而这种愉快之心情肯定会充分感染她的丈夫，极大地调动她丈夫的工作积极性。要注意的是，有的企业采取相反的操作：当妻子有成就时，用明信片向其丈夫祝贺，由于中国人的封建思想，效果很差。她的丈夫常常会成为被讽刺的对象："你怎么还没你老婆厉害？"这样会大大打击这位丈夫的积极性，因而这种方法是不可取的。

5. 免于监督

比如，小王工作不错，为鼓励他努力工作，可授予他半年不打考勤的特权，在半年中，小王不用打考勤都算作全勤。虽然这种强化的方法与金钱无关，但同样可以调动部属的积极性。当然，实施这种方法的前提是组织有严格的考勤制度。有人可能担心小王是否会缺勤，一般而言，这种缺勤情况是不会出现的。因为通过大会隆重授予小王不打考勤的特权，就会导致千百双警惕的眼睛监督着他，这样他就更不可能迟到了。又如"卫生免检寝室""质量免检商品"都属此类。

6. 职称制度

通过组织内部正式规定设置职称，用于区分部属的能力，满足知识分子尊重和自我实现的需要。特别要强调的是：职称不是学历的体现，也不是劳动贡献的体现，更不是工作态度的体现，原始意义上的职称评定是工作能力的体现。总之，职称只应该与能力相联系而不能与其他的因素相联系。职称制度对于知识分子有很好的强化作用。例如在高校，职称有助教、讲师、副教授、硕士导师兼副教授、正教授、博士导师兼正教授、博士后导师兼正教授、院士共八级，所以在高校里，虽然老师的收入不算很高，但是他们的精神世界的追求是非常丰富的——熬三四年升一级，熬三四年升一级。这就是职称制度的妙处。

7. 荣誉饰品

组织通过系统规划、严肃公告、庄严授予的方式赋予某些标志以不同等级的荣誉内涵。比如各国军队中的军服上星、杠、花以及领章的大小、颜色分别代表不同的军衔，标志着其在部队中的军衔大小。又如企业中级别不同的员工可以着装颜色的不同加以区分。我们所熟悉的"白领""蓝领"和"灰领"在早期也是不同地位的划分标志。再如某些企业中艺术化的玻璃外壳电脑、档次较高的液晶电脑和一般的电脑也标志了其使用者在公司中的不同的权力等级。在清朝，官员的顶戴花翎代表不同的行政级别，双眼花翎是莫大的荣宠和显赫。官员

们常常为了增加一根花翎斗得天昏地暗、你死我活。有的更是坏了万贯家财，甚至拼上身家性命。其实这些达官贵人、状元探花争来争去不过是为了一根野鸡毛！

8. 肢体语言示意

当领导对下属的某种行为满意时，领导可用肢体语言来表达他的这种态度，以拉近心理距离作为正强化，从而调动下属积极性，鼓励行为再现。比如，领导脸上出现激动的表情、哈哈的笑声、亲热的动作、含笑的眼神，倾听时身体前倾、搂抱对方等就可以对下属的行为予以强化。

9. 培训机会

培训机会也是强化手段之一。比如某些潜质突出的普通员工可以参加领导学的学习，某些中层干部可以参加高层领导艺术的学习，都会对他们产生强烈的强化。如果对这一方法运用得当，会产生良好的效果。要注意的是，不能不分工作好坏，所有人都享受同等的培训待遇，并且要形成这样一种文化，获得培训机会多的人升迁机会也多。

10. 开会位置

开会坐的位置也是强化的方法之一。一般而言，越靠近领导的位置越重要，"奖励"下属开会时坐重要的位置，也是对下属行为的强化。对开会位置形成一种显形或者隐形的规则，开会位置就能成为强化的手段之一。如果某个组织开会位置经常是乱坐的，那么开会位置就不会成为强化方法。在现实生活中，政府部门的人是很看重开会位置的，一旦某人开会时位置被放低了，会引起很大的不高兴，所以，在政府部门开会排位置，是一件非常伤脑筋的活儿。

11. 授予"储备人才"的身份

组织通过科学的人才测评、周密的调查，以庄严的、神圣的、严肃的方式授予组织成员"储备人才"的身份，或者"准储备人才"的身份，同样会给予被授予者的行为极大的强化。比如第一梯队、第二梯队、

第三梯队的干部队伍建设,又如许多欧美企业的储备干部培养,再如中国古代各王朝的候补官员等都属此类。

12. 言行一致化效应

所谓言行一致化效应,就是人的语言和行为具有天然的一致性倾向,如果语言和行为不一致,会在内心产生冲突,使个体感到痛苦。请下属当众介绍自己的工作经验,讲得越多,越会巩固讲话者所描述的行为;或者让下属负责教育别人,个体在教育别人的同时自己的行为也会得到强化。比如某一个人本来是偶尔下班后扫扫厕所,被树为了典型,到处去做报告,讲自己如何顶烈日、抗风寒扫厕所。几百场报告一做,就会成为他沉重的精神负担,这厕所就得一辈子扫下去。作者还碰到过某贫困地区的中学校长,该校老师薪酬待遇低,人心浮动,该校长新官上任,便组织巡回演讲团到处宣讲当老师的崇高性、神圣性和伟大性。老师们越讲越觉得这没钱的岗位是很有价值的,人员流动率也随之降低。

13. 冠以尊称

比如,称一位技术工人为"王大师"就可能会极大地调动他的积极性。又如,大学公共课都要设一个课程负责人,如市场营销学课程负责人、会计学课程负责人、人力资源管理课程负责人等,以协调各个老师讲课进度,统一讲课内容,以免考试时无法出统一的考卷。由于课程负责人一职工作内容烦琐,吃力不讨好,一般谁也不肯当,后一高校领导灵机一动,把这一职务改为"市场营销首席教师""会计学首席教师""人力资源管理首席教师",此后各位老师蜂拥而至,大家争当"首席教师"这一职务。直至一年后才有人朦胧地体会到,"首席教师"与课程负责人没有任何实质上的差别。

14. 荣誉称号与树立典型

"先进工作者"和"劳动模范"两种荣誉称号就是强化的方法,但荣誉称号只有两种未免简单。员工的行为是多层次的,企业可以根据自身的需要设置丰富多彩的荣誉称号,如果荣誉称号太少,那么领导手中的牌就少了。在一家中外合资企业,其荣誉有四种——先进工作者、工作标兵、劳动模范、首席员工,充分地调动了员工的工作积极性。还有一家十分极端的企业,其荣誉称号的等级有18级。

在实施荣誉称号调动人的积极性时,要避免以下误区:荣誉称号种类太多。我们要求的是荣誉称号种类少、级别多。因为荣誉称号种类太多就会失去可比性。这里要区分一下荣誉称号和冠以尊称的区别。前者主要是工作态度方面的强化,后者主要是对工作能力的肯定。

许多优秀的行为难以通过语言精确地描述,树立典型可以形象地展示出什么行为是符合领导意图的,什么行为是不符合领导意图的。比如,"工作主动"就很难用语言精确地描述,树立一个工作主动的典型就可以形象地告诉大家什么是工作主动。树典型一般不宜树立全面典型,因为风险很大,一旦典型出了问题就会暗示领导识人有误区,一般宜树单项典型为佳。树典型一般伴随着详细的事迹介绍。

15. 晋升

晋升是效果强烈的一种强化手段,对下属行为的影响极大。我国的传统文化是"官本位"文化,中国人对官职的需求比外国人强烈得多。领导的主要方法之一是满足下属需求,无论中国人对官职的强烈需求这一现象是否正确,这种需求是客观存在的,领导应尽力去满足这种需求。因此,在不影响效率的前提下应尽量多设官职,以更高程度地提高员工的满意度。

在世界上,比中国人更加"官迷"的是日本人。在日资企业内,官职设置极多,有的企业官职占员工总数的35%,但其工作效率依旧很高。而有些在中国投资的西方企业,不了解中国人的文化特点,官职设置过少,导致员工整体满意度降低,从而影响工作效率。

强化方法还有许多，可以根据情况自己发明创造。比如，法国国王路易十四就是一个创造正、负强化方法的专家。他把为自己在前面举烛的机会当作莫大的荣誉赏赐给大臣们，而且成功地使大臣们争先恐后地为获得宫廷里一间小房间的使用权而拼命工作。工作最为优秀的大臣可以获得观看国王早上起床穿衣服的机会。这些强化措施效果是如此之好，以至于路易十四自己都很吃惊。所以强化方法是可以创造的。上面暂列15种方法的目的在于开拓读者的思路，而非完全照搬照抄。在工作中，强化方法单调、思路狭窄是常见问题。

第二节　惩罚的具体方法

所谓惩罚，是指当组织成员出现不符合领导意图的行为时，领导给予组织不喜欢的东西，或者削夺组织成员喜欢的东西。惩罚分为正惩罚和负惩罚。

所谓正惩罚，是指给予对象他不喜欢的东西，比如批评、记过，使人的行为趋向抑制。

所谓负惩罚，是指移走他喜欢的东西，比如罚款、不准上网，使人的行为趋向抑制。

惩罚的方法同样很多，除常用的批评、罚款等，我们在这里暂举12种，以开拓思路，读者可以举一反三。

1. 记过制度

组织以正式文件规定各类错误等级，当下属犯错误时依据条文规定评定错误的等级，以严肃谈话的方式告知犯错误者，指出问题的严重性，给予其改正方向，并把其错误记入档案。记过制度可以与经济利益挂钩，也可以不与经济利益挂钩。它是一种与记功制度相对应的管理方法，也是十分有效的惩罚方法。

2. "车轮"谈话

当组织成员犯错误时,领导安排多人分别与其谈话,指出问题的严重性,指明改正方向和方法。一般而言,安排七到八人与其谈话后,犯错误者的心灵会受到较大震动。其背后隐藏的心理原理是从众心理。人们总是倾向于认为大众的意见是对的。八个人和犯错误者各谈一次,给犯错误者造成的心理震撼远远大于一个人和他谈八次。通过一谈二谈三谈……七谈八谈,大多数人的灵魂受到了彻底的洗刷,很少有人不震动的。

3. 以评好的名义评选差员工

如要抑制一些难以量化的过度行为,例如,上班说闲话太多、私人电话打得太多,可以采用选举的方法来解决。有一家企业每月都要"选举"一名上班说闲话太多的人,其名字在公告栏公告三天(但不罚款),有效地抑制了上班说闲话的现象。如果发现大家不愿意选举差员工,那么可以采用选举50%好员工的方式变相选出差员工。假定某个部门有10个人,可让大家每人选举5个上班不讲闲话的人,得票最少的人就是该部门的"闲话大王"。如果该部门有15个人,则让每人选举8位上班不讲闲话的员工,得票最少的人就是该部门的"闲话大王"。以此类推。

4. 劣迹通报亲属

将组织成员犯的错误通报其亲属,被通报亲属的人数的多少和范围的大小与该成员所犯的错误严重程度成正比。这种办法可以对犯错误者形成强烈的惩罚效应,可经常用在学校、监狱、军队管理中。

5. 书面检讨

让犯错误的组织成员写书面检讨,可以抑制该成员犯错误。因为写书面检讨的过程也是让其深入思考、自我说服的过程。书面检讨比单纯的批评来得有效。另外,多次抄写书面检讨也是一种有效的惩罚措施。抄写的次数与该组织成员所犯错误的严重程度成正比。

6. 封锁消息

当组织成员犯错误时，领导可以把减少该组织成员获得的信息量作为惩罚措施。比如，某公司每周有一次通报情况的例会，让犯错误的成员停止参加例会若干次，当他有什么问题不清楚时，请他向别人打听。其实，许多组织开会人总也到不齐，但如果某人突然接到通知，不准参加会议，有事向别人打听，其灵魂受到的震动是非常大的，这也可以对其错误行为起到惩戒作用。

7. 领导用肢体语言表示不满

当组织成员犯错误时，领导可以用肢体语言表示不满。如满脸不高兴，见面不打招呼、谈话时保持相当远的身体距离等都可以调控下属行为。一般而言，用这种方法作为惩罚时，必须同时派人与犯错误者沟通信息，让其知道为什么领导有这样的肢体语言。否则，一些比较"迟钝"的下属可能无法体会领导的"不满"。有一政府部门的领导，他很少批评人，每当下属犯错误时，他就让下属坐在离他10米远的地方汇报工作。

8. 通报错误

通报错误是效果极强烈的惩罚措施。由于中国人极为重视"面子"，通报错误常导致被通报者强烈地自感"没面子"，有的就可能待不下去而辞职。因此使用通报错误的方法惩戒下属时应谨慎考虑，要做好该下属可能辞职的心理准备。通报错误在一些企业中成为变相开除人的方法。

9. 犯错误"请客"

当组织成员犯错误时，组织机构自动从其薪酬中拿出一部分，用这笔钱请其他成员吃饭、发化妆品、看电影、打游戏、唱卡拉OK等。比如，有一家公司每当有员工迟到，公司便自动扣除其部分薪酬，请全公司人吃冰激凌。于是每当大家吃冰激凌时，大家便纷纷打探谁迟到了，而且会纷纷向迟到者表示感谢。该迟到者多半会觉得不好意思，他的迟到行为就开始收敛。

10. 变相"连坐"

当组织成员犯错误时,就对该成员所在的集体进行惩罚,导致该集体中其他成员自动对他施加压力,使其行为收敛。这种惩罚可以是罚钱、扣分或者一票否决制等。比如,以前有员工违反计划生育政策,就实行一票否决制,该员工所在的企业不能评精神文明单位,该员工所在的车间不能评先进集体,该员工所在班组不能评先进班组。这样就会动员起集体的力量对该成员施加压力。再如,有的老师为减少学生缺勤,实行"互帮互助寝室活动",规定"一人缺课,全寝室扣分",所扣分数累计到一定程度,就会影响期末成绩,甚至作为评奖学金的依据。于是每当一名学生想缺课时常常遭到其他学生严肃的"思想教育",缺课现象也因此大为减少。

11. 罚抄规章制度

当组织成员犯错误时,可以给他两个选择,比如,要么罚款200元,要么罚抄××规章制度50遍。只要两个选择之间的强度适当,组织成员一般会选择罚抄规章制度,只要罚抄的遍数足够多,就会让该成员心灵深处留下深刻的印象,个体的不良行为就会得到收敛。笔者经常用这种方法调控组织成员的行为,实践证明其效果是比较好的。

12. 模仿领导的口气给自己写封信

当组织成员犯错误时,可以让个体模仿领导的口气就自己的错误向自己写封信。使用这种方法时,要向个体反复强调,一定要从领导的角度考虑问题,如果写出来的信不是从领导的角度考虑问题,就要重写,一直写到这封信的口气和角度都与领导类似。用这种方法可以迫使组织成员换位思考,反省自己的过失,增强组织成员的全局观。如果这种方法运用得当,是有一定效果的。

如同强化一样,在工作中实施惩罚的主要问题也是思路狭窄、方法单调。

特别要说明的是，绩效管理是自动进行的惩罚。

对组织成员的工作成果以量化的形式评估出好坏大小，这叫作绩效评估。在绩效评估数值的基础上确定其薪酬及薪酬构成，这叫作薪酬设计。绩效评估和薪酬设计统称为绩效管理，它具有自动进行强化与惩罚的功能。好的绩效管理制度可以极大地调动组织成员的积极性，使其行为与组织目标保持最大程度的一致，促使组织状态向组织目标靠近。

绩效管理可以分为企业绩效管理、非营利组织绩效管理、政府绩效管理。

绩效管理常用的具体方法有关键指标法、360°考核法、强制分布法、双维乘积排序法、两两配比法、平衡积分卡、瞄定法、模拟利润制、团队考核法、瓜分法、浮动定额法等。由于本书目标主要是领导心理学，故不再赘述，请有兴趣的读者阅读鞠门学派的其他书籍或者参加相关课程。

第三节 强 化 理 论

前面我们说过，强化理论包括强化与惩罚，强化理论的核心是人的稳定行为是强化与惩罚出来的。

为什么我们会坐着听课？不是我们天生坐着听课，有些幼儿园和一年级刚入学的学生听一会儿课就站起来晃荡，这样其实是更舒服的。成人为什么没有边听课边散步的现象呢？因为小时候这样做会挨打挨骂。坐着听课受到了鼓励，于是慢慢地都变成坐着听课了；也就是说，坐着听课是强化惩罚出来的，不是天生的。

为什么有的儿童特别喜欢哭？不愿上学哭，要买东西哭，不顺心就哭……这样的儿童背后都有一个强化惩罚搞反了的父母，或者说溺爱的父母，孩子通过哭得到了好处，于是哭得到了强化！

这种好处不一定是物质上的,可以是父母更多的关心、父母的焦虑,小孩本应做的事情的拖延、父母的承诺,或者父母的让步,当然也包括物质上给予好处。于是小孩短期或者眼前是不哭了,长期而言,更喜欢用哭来调控父母的行为,因为哭好处太大了!

很多人不理解为什么父母的焦虑也会鼓励孩子哭。其实,有时孩子哭是为了惩罚父母,父母一焦虑,孩子内心深处有不知不觉的满足感,这种满足感也是一种正强化,以后孩子就更爱哭了!

心理问题经常会演化成生理疾病,常见的有顽固性头痛、皮肤类疾病、消化系统病、高血压、糖尿病、甲状腺类病、心脏病、过度肥胖、乳房增生、不孕不育、风湿类病、代谢类病、65岁前得癌等。有些怎么也看不好、搞不清楚生理原因的疑难杂症绝大部分与心理因素有关系。鞠教授经常通过心理手法使许多疑难杂症缓解或者消失,根本与用药无关。我发现部分心理因素形成的生理疾病与强化机制有关系,举个例子:

某孩子父母来找我,他们孩子经常拉肚子,已经四年了,医院怎么也看不好,化验发现细菌没有超标,消炎药也没有用。仔细调查后知道,孩子拉肚子有巨大的好处:即便考试成绩不好,父母也不会打骂他了,并且非常慌张,孩子有巨大满足感。这样的腹泻去医院吃药自然是治不好的。

与美国相比,中国门诊医生的心理学知识特别是心理调控知识非常缺乏,大概落后了30年。上面这个例子我用催眠调整,共9次,腹泻消失了,当然父母是要配合的。

强化理论除了上述核心理论外,还有以下内容。

1. 强化惩罚的方法要多样化

为保持强化惩罚效果的边际效应最大,应不断地更新强化、惩罚的方法。除表扬、批评、奖金、罚款这4种常用的强化、惩罚方法外,笔者在前文中已介绍27种实用有效的强化、惩罚方法。读者还可以结合鞠门学派的三大基础哲学之一——二元相对平衡管理思想,创造出更加丰富多彩的强化、惩罚方法。

2. 分解复杂的行为,分别予以强化与惩罚

有时候,员工的行为是复杂的,不能简单地对其实施强化或惩罚,而应对他的行为进行分解,把一件复杂的事情分解成强化与惩罚方向明确的几件事,然后分别实施强化与惩罚。比如,有一个推销员,对一个难缠的客户做了整整一天的说服工作,终于拿下订单,但是推销员未经请示擅自降价2%。对于这件事就不能简单地给予强化或惩罚,而应将其分解成两件事:一件是克服困难完成了推销,另一件是未经请示擅自降价。对前一件事应给予强化,并且在给予强化时不考虑第二件事;对后一件事应给予惩罚,并且在给予惩罚时不考虑前一件事。这样处理就更加科学了。

3. 强化惩罚应交替使用

强化与惩罚应交替使用,只使用强化,是"老好人"的管理方式,这样的管理鼓励了好事,但没有抑制坏事;只使用惩罚,是"大棒式"的管理方式,这样的管理抑制了坏事,但没有鼓励好事。管理的目的是要使坏事得到遏制,使好事得到继续发扬光大,所以强化、惩罚应交替使用。

4. 强化与惩罚频繁使用

一方面,领导应频繁地使用强化与惩罚,不断地调控下属的行为,使下属的行为趋向于与领导意图一致。另一方面,强化与惩罚是显示领导存在的重要信号,不频繁使用强化与惩罚的领导,会渐渐被下属所轻视,下属会慢慢地感觉领导不像领导。有一句话叫"有权不用,过期作废",在这里是有一定的现实意义的。在工作中,有的领导被周围的人评价为:"不善于抓权,给了权也不会使用",这种现象多半与领导不频繁地使用强化与惩罚有关系。

5. 强化与惩罚指向明确

所谓强化与惩罚指向明确,是指强化与惩罚调控行为的方向应与具体的行为相联系,以明确被调控人的行为导向。

比如,某领导实施组织改革遇到了很大的阻力,下属张三在舆论上拼命支持领导,劝说同事服从大局、支持改革,同时张三工作也是比较认真的。领导很感激张三在舆论上支持他,于是请他吃饭,这是强化。那么,在吃饭过程中,应明确地让张三知道:领导特别感激的是张三在舆论上大力支持他。如果在吃饭过程中没有给张三明确的行为导向,张三也许认为领导欣赏的是其工作认真,张三可能以后工作更加认真了,这与领导的工作重点不相吻合,这就叫作强化指向不明。又如,安排李四参加某课程培训,就应明确地告诉李四,李四的什么具体行为是得到领导欣赏的,"李四,你特别擅长把领导的抽象意图变成具体工作成果,创新能力很强,笔头功夫不错,工作主动性很高,能根据目标主动做计划外的事情,为表彰你的工作表现,现特意送你去参加学习。"这样的强化指向就非常明确了。反之,如果只给李四指向不明的强化,调控行为的效果就会差许多,请看假定这样对李四说效果如何:"李四,你工作不错,工作能力很强,特奖励你一次学习的机会。"这样的强化效果不明显。

6. 理性程度较低者偏重强化与惩罚,对理性程度较高者偏重态度改造

理性程度较低者主要是文化程度较低者和社会阅历较少者,理性程度较高者主要是文化程度较高者和社会阅历较多者。工作实践表明:对前者的行为调控应更多地依赖强化与惩罚,对后者的行为调控应更多地依赖态度改造。

理性程度低者抽象思维能力差,形象思维能力偏强,强化与惩罚更易使其有深刻的体会。比如,对一位小学三年级文化程度的员工,告诉他做人要敬业的效果就远不如对其错误罚款来得更加有效,而对理性程度高的人而言,对其进行抽象的教育是有效果的。

7. 要做到正负强化与正负惩罚内部的平衡

调控人的行为时,不但存在着强化与惩罚的平衡,还存在着正强

化与负强化的平衡。正惩罚与负惩罚的平衡,只有把各个层次的平衡都平衡好了,人的行为调控才可以达到最佳状态。

第四节 强化惩罚的误区举例

例如,朋友叫你外号的应对误区:

人们叫你外号,你不高兴,不是对叫外号的惩罚,而是对叫外号的强化。

因为人们叫你外号,潜意识里的目的就是让你不高兴,你一听外号不高兴了,对方有满足感,这样就会调动对方叫你外号的积极性,你这个外号就难以摆脱了。当然,他人叫你外号,你答应,也是对叫外号的强化,你的外号也难以摆脱了。正确的做法是没有反应。

再例如,恋人闹假自杀的误区:

恋人闹假自杀,非常普遍。男女都有,女性为多,绝大部分的恋爱自杀都是假的,恋人闹假自杀的目的,是为了惩罚你,让你难受,让你焦虑。

如果你的恋人闹假自杀了,你非常紧张、非常慌张、非常焦虑,你的恋人会有很大的满足感,他/她假自杀就会得到强化,可能闹假自杀成瘾,经常干这个事。万一对方失手,后果就严重了。

我有个研究生,年轻时非常帅气。他女朋友由于父母离婚,从小没有安全感,潜意识有创伤,对男人没有信心,经常闹假自杀,跳学校中心的小湖,这小湖最深的地方也没有1.5米。真心自杀应该去跳大湖,或者跳高楼(从二楼往下跳也多半是假自杀行为)。他女朋友一跳湖,他就非常紧张、非常慌张、非常焦虑。他女友假自杀得到了强化,闹假自杀成瘾了,经常跳湖。我便指导他改变应对方式:以后,对方闹假自杀后,面带微笑去捞她,有时哈哈大笑,捞上来后,打电话给女朋友同学,叫她们来看护女朋友。最重要的是,女朋友同学到后要离

开,这样女朋友演戏的观众就没有了,演戏就没有意义了。离开的时候,绝对不可以慌慌张张、急急忙忙,而是要踱着方步慢悠悠地走,并且抽着烟,哼着小曲,面带幸福的微笑离开。

后来她女朋友不闹自杀了,因为她感觉这招没有用了。

组织文化建设

第十六章

16

第一节　组织文化与组织文化建设的定义

所谓组织文化,是指组织成员主流价值观的总和及其外显所形成的工作气氛和工作方式,俗称"我们这儿的办事方式"或"咱们这儿的风气"。

所谓组织文化建设,是指组织管理当局为实现组织目标而进行的主动的、系统的、深刻的和科学的组织文化建设。

组织文化由三个层面构成,由内而外分别为精神层、惯例与制度层、物质层。

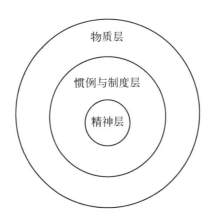

假如一家公司的企业文化内容之一是创新,那么创新的理念就会深入员工的思想深处,这就是精神层面;员工经常开西式或中式头脑风暴会,这就是惯例与制度层面;办公室装修风格标新立异且具有个性,这就是物质层面。

当然,还有许多其他学者提出组织文化的不同定义,多达百种,在此粗列几种供读者参考。《美国传统词典》的定义是:"文化"这一术语最早源于拉丁文的culture一词,它来源于社会人类学,是人类群体和民族世代相传的行为模式、知识、信仰、艺术、道德、风俗、法律、群体组织和其他一切人类生产活动、思维活动的本质特征的总和，它是一个复杂的总体。

美国当代管理学家托马斯·彼得斯和小罗伯特·H.沃特认为："经营业绩优秀的公司可以创造一种内容丰富、道德高尚而且为大家所接受的文化准则，激发大批员工不同凡响的贡献，从而使员工产生有高度价值的目标感，这种目标感来自对产品的热爱、提高服务质量的愿望和鼓励革新，以及对每个人的贡献给予承认和荣誉。"

劳伦斯·米勒在《美国企业精神》中将企业文化提到极高的位置："公司唯有发展一种文化，这种文化能在激励竞争中获得成功的一切行为，只有这种公司在竞争中才有可能成功。"

还有部分学者则认为，组织文化有广义和狭义之分。从狭义来说，组织文化指的是企业在经营实践中逐步形成的基本精神和凝聚力，是全体职工共同具有的价值观念和行为准则；而从广义来说，它还包括企业员工的文化，即领导人的文化结构、文化素质和员工的文化心态和文化行为，包括企业中有关文化建设的措施、组织、制度等。

这些中外学者对组织文化的阐述在许多方面都有可取之处，对组织文化在各类组织中的兴起、发展做出了应有的贡献。

第二节　组织文化建设的必要性

虽然对组织管理而言，高效的组织机构、健全的绩效管理、完善的奖惩条例等硬性因素可以解决大部分管理问题。但是，作为一种软性管理因素，组织文化对于成功的组织管理而言也是必不可少的。具体而言，表现在以下两个方面：

1. 命令和规章制度无法完全规范员工的一切行为

在组织管理过程中，与管理物不同，管理的对象是人，而人是既有行为又有思想的。所以，对人的管理不仅涉及对人的行为的调控，还应包括对人的思想的改造。

在管理中,对员工的行为,组织可以命令和计划的形式加以调控。通过制订计划、发布命令,组织可以要求员工采取什么行动,避免什么样的行为;谁的行为符合组织期望,谁违背了规章制度,组织都可以根据制度的规定给予奖励或惩罚,从而起到调控大部分行为的作用。

然而命令不可能面面俱到,组织运作过程中总会发生许多命令没有涉及的事情。这时,组织成员依据什么来调整自己的行为呢?当然是依据自己的思想。比如,组织里有一个员工看见水龙头没关,水在大量浪费,领导也没有给这位员工指示关龙头,那么这位员工是否会关水龙头就取决于他的思想了。如果这家组织建立了很强的节约成本的文化,那么这位员工就很可能会去关水龙头。所以在组织管理中,不管理成员的思想是不对的。

建立健全的规章制度、规定组织员工的行为准则,可以调控大部分组织成员的行为。也就是说,要调控员工的一切行为,组织必须具备极其完备的规章制度,而且这些规章制度还必须与环境相适应。这里就存在一个问题,即规章制度一旦确定下来,就必须保持一定时期的稳定,但组织的生存环境又是十分多变的,尤其在现代这个信息传递迅速、竞争激烈的社会中,有可能今天是这样,明天就变了。这样,组织的规章制度就有可能现在是适应环境的,但一段时间后,规章制度就有可能过时了,变得与环境格格不入,失去了调控的作用。这时,唯一的方法就是修改规章制度,但由于环境的变化是如此迅速,规章制度的修改往往难以跟上形势的变化。另外,规章制度的频繁变化又会使其失去严肃性,所以从本质上讲,规章制度是永远有漏洞的。想完全依靠规章制度调控组织成员的一切行为根本是不现实的。须知:"只要组织成员想钻漏洞,漏洞就一定能够钻得到"。那怎么办呢?办法是进行组织文化建设,使员工不想去钻漏洞。

2. 监督存在缺陷

规章制度要发挥调控员工行为的作用，还有一个前提，即员工的行为具有可监督性，组织可以完全掌握员工的一切行为，并根据规章制度的规定给予奖惩。但这一前提在现实中往往很难成立，员工的行为多种多样，组织要掌握全体员工的一切行为几乎是不可能的，即使组织建立了强有力的监控机构，即使能对分布在不同区域的不同员工进行全程监控，但是这一成本将是不可想象的，而且根本没有必要。这时，最经济、最有效的方法是利用组织文化的力量改造员工的思想，形成共同的价值观和行为准则，使组织成员自觉调控其他行为，使之符合规章制度，符合"我们这里的办事方式"。

第三节　组织文化建设的二元性

组织文化建设分为两个部分：建设组织所需要的文化，消灭组织所不需要的文化。两者要相辅相成，共同进行。由于"好"文化与"坏"文化的成长规律是不同的，"好"文化的特点是，不去鼓励不会自动生长。"坏"文化的特点是，不去打压，它就会自动生长。所谓"学坏容易学好难"就是对这种现象的描述。如果仅仅是建设组织所需要的文化，"好"的文化得到了发扬，但"坏"的文化却没有消失；如果仅仅是消灭"坏"的文化，"坏"的文化得到了抑制，"好"的文化却没有得到鼓励。所以组织文化建设要建设"好"文化与消灭"坏"文化同时进行，否则会极大地影响组织文化建设的效果。

建设组织需要的好文化又可以分为建设显性意识好文化和建设潜意识好文化。所谓显性意识文化，是指观念存在于个体的显性意识领域，个体意识到这个观念的存在。这是自己能够感知的文化。

所谓潜意识文化，是指存在于个体的潜意识领域，个体没有意识到这一观念的存在。这是自己不能够感知的文化。而潜意识是指真实地影响个体的心理和行为,而个体又不知道的意识。

比如有一家国有企业,改制后成了私有企业,劳资关系十分紧张,员工对老板充满了愤恨,但仔细调查,这种愤恨又没有实际的内容。因为员工的工资福利、劳动强度都和以前一样,也没有人下岗,甚至由于该公司战略调整得法,公司效益还有所提升,员工奖金还多了一些。但是员工对老板就是横看竖看不顺眼,经过无提醒联想测试,笔者找了许多员工,每个员工给了一张纸,纸的上半部分写了老板的姓名,纸的下半部分是空白,要求员工无论想到什么写什么,每人 20 分钟,结果写的词五花八门,有钞票、工资、奖金、吃香的喝辣的、旅游、麻将、肥胖等,然后把这些词归类,再计算哪类词出现的概率最大,结果发现,这个类别是"剥削",原因就搞清楚了。原来,这家原国有企业原来的思想政治工作做得特别好,宣传的理念已经进入了公司的潜意识,所以虽然钞票更多了,企业效益更大了,但大家在潜意识里认为,利润大了,说明老板剥削程度更高了,老板的罪恶就更大了,所以劳资关系就搞不好。

同样,消灭组织不需要的坏文化又分为消灭显性意识坏文化和消灭潜意识坏文化。前者为阳,后者为阴。两者同时进行,企业文化的建设效果会更好。关于潜意识文化的含义,读者在阅读完本章全文后会理解。

第四节 组织文化的影响因素

在组织文化的形成、发展、巩固过程中,组织内部成员的价值观往往受到各种各样因素的影响,这其中既有组织内部因素,也有组织外部因素,一般有以下五大类。

1. 社会文化

组织是社会的基本组成单位,组织文化是社会文化的一部分,所以组织也不可避免地会受到整个社会文化的影响。社会提倡什么、反对什么，整个社会的群体价值观都会在不同程度上影响到作为社会人的组织成员，从而影响到组织。比如，对中国组织而言，中国传统社会文化中的重视人伦的思想会对组织文化产生明显的影响，有助于中国组织形成"以人为中心"的组织文化。

2. 组织传统文化

一个组织的组织文化除了受社会文化的影响外，还在很大程度上受到组织内部传统文化的影响。组织文化的一个明显特征就是"顺者昌，逆者亡"，凡是遵守共同价值观念的行为将得到赞扬，而破坏共同价值观的行为将受到惩罚。所以在组织文化的形成过程中，作为组织文化形成基础的组织传统文化将会不断地沉淀、巩固下来，影响着组织中的每一个成员。在组织文化中，我们可以明显发现组织传统文化的战略，组织原先的精神、价值观会在很大程度上影响着组织现有的组织文化。

3. 外部人员带来的新文化

在组织文化中，"顺者昌，逆者亡"，为了巩固组织文化，组织更倾向于招聘与组织价值观相符的员工，并加强对其的基本价值观教育，使新进人员融于整个组织文化之中，但外来人员包括组织新进员工、外部权威如咨询专家和其他人士的加入会在相当程度上影响组织文化。这些外部人员会同时带来一些相对于组织原先文化而言的全新的文化，这些文化有可能与组织原来文化相对立，从而削弱组织固有的文化，而有的文化则可能与组织文化互补，受到组织管理层的欢迎，将之融入组织原先文化，从而在一定程度上加强组织文化。

4. 政府宣导

组织文化还会受到政府宣导的影响，在不同的国家、不同的时期，政府的政策会有很大的不同，为此，政府可以利用自己掌握的种种资源，如立法、舆论等进行宣导，从很大程度上影响社会文化，影响到组织每个成员,影响到组织文化。比如某国政府大力宣传民营企业中股东与员工是剥削与被剥削的关系,一旦这种观念沉淀进民众的心灵深处,那么从本质上讲,该国的劳资关系是很难协调好的。

5. 组织行政当局的文化建设

组织文化可以自然形成,但这种文化可能对组织而言并不理想,并不系统,所以,组织行政当局有可能对此进行专门的建设,这对组织文化具有最直接的影响。行政当局可以通过积极主动地组织文化建设,如反复灌输、宣传之类,使组织希望员工遵守的价值观念、行为规范深入全体成员的思想,也可以禁止某些价值观和行为规范。如果有必要,组织行政当局还可以根据环境和情况的变化在组织文化中加入某些新的内容,取消某些不再合适的内容。

第五节 组织文化建设的心理学原理

1. 态度协调理论

态度是人对某种对象的相对稳定的心理倾向,它包括三种心理成分,这三种成分有机地使他的认知、情感、行为处于协调状态。有矛盾就产生紧张,紧张就导致痛苦,痛苦就导致人们想逃避痛苦,逃避痛苦就导致人们想重新构建这三种成分之间的关系。而重新构建三种成分之间的关系最常用的办法就是修改认知成分,因为这一办法比较省力且易于操作。态度的三种成分是:

(1) 认知成分,指个体对人、事、物的认识和了解,包括人对于对象的所有思想、信念及知识在内。通俗地讲,认知成分是个体的一种"看法"。

(2) 情感成分,指个体对人、事、物的好恶及情绪反应。比如张三初见李四,他会产生讨厌或喜欢李四或对李四既不讨厌也不喜欢的直发性情绪。

（3）行为成分，指个体对人、事、物的实际反应或行动，即个体是怎么做的。

当上述三种成分协调时，个体感到身心愉快；当上述三种成分矛盾时，个体感到"紧张"，进而产生痛苦感。而个体的本质是要避免痛苦、走向幸福，所以当个体的三种成分矛盾时，个体会运用各种办法重新调整三种成分的关系，使之趋向协调。

比如在校学生在对待学习的态度上，有两类学生是非常幸福的，一类学生是非常痛苦的：

凡是认知上认为在校应该好好学习、情感上喜欢学习、行为上认真学习的学生会感到很幸福，犹如书虫般一头扎进书堆，不亦乐乎。旁人觉得奇怪，他本人却觉得很幸福。

凡是认知上认为青春年少应该多玩，享受人生，情感上喜欢上网、打球、打游戏，行为上整天在玩的学生，其心理上也充满了愉悦感。他们并没有什么心理不适的感觉。

凡是认知上认为应该好好学习，行为上却整天在上网、打球、打游戏的学生内心最为痛苦。不少学生经常给自己心理上"下套子"，打球之前诅咒发誓："今天我打球如果超过一小时，那简直不是人，而是一头猪"！结果又打了两三个小时。事后，内心不禁懊悔道："我简直是头猪，不是人"。这类学生心理上时刻处于紧张状态，感到非常痛苦。失眠、抑郁症、焦虑症等心理疾病出现在这类学生身上的概率要高于普通人群。

再举个例子。成人在对待婚外恋的态度上有两类人非常幸福，两类人非常痛苦：

第一类，凡是认知上认为不应该搞婚外恋，情感上没有喜爱的对象，行为上也没有婚外恋行为的人，他会感到身心愉悦。因为他的认知、情感、行为处于协调状态。

第二类，凡是认知上认为婚外恋是理所应当的，情感上有喜爱的对象,行为上也有婚外恋的人,他也会感到身心愉悦。他的认知、情感、行为也处于协调状态。

第三类,凡是认知上认为婚外恋是不对的,但行为上有婚外恋或情感上有喜欢的婚外对象,这类人会感到非常痛苦。因为他的认知、情感、行为处于不协调状态。

第四类,凡是认知上认为应该搞婚外恋,但行为上没有机会或情感上找不到合适对象的人,也会感到非常非常痛苦。因为他的认知、情感、行为处于非常不协调状态。

失眠、抑郁症、焦虑症等心理疾病出现在后两类人身上的概率也要高于普通人群。

当个体的态度失调的时候,个体会产生什么样的后续反应呢?他的反应模式是:努力重新协调态度的三种成分,使之趋向协调一致。

比如上述认知上认为应该好好学习,行为上却整天在上网、打球、打游戏的学生,可以有多种多样的使态度重新协调的方法:

(1)重新调整行为,努力学习。不过采用这种方法的学生比较少,因为这需要坚强的毅力。

(2)重新调整认知。比如对外部信息进行过滤,突然发现比尔·盖茨大学也没有毕业,于是得出结论——读书越多越没用,并且对此结论深信不疑。对无数读书成功的信息视而不见,从此身心愉悦,生活幸福。或者创造一种新认知:只有玩得好才能学得好,玩得越多学得越好,也可以勉强平衡态度矛盾,保持较为愉悦的心情。甚至有的学生创造出这样一种认知:玩就是学习!于是烦恼烟消云散,走向幸福的彼岸。

(3)重新调整情感。比如,笔者在调整过于贪玩的学生的态度时,常常会给学生一根橡皮筋套在手腕上,并要求学生每当上网的念头涌上心头,就把橡皮筋拉开五寸然后放手,该学生手腕立刻剧痛,这样坚持两三个月,学生的情感成分就会被调整为"上网等于痛苦",于是他渐渐也变得不那么贪玩了。

态度协调理论给了我们一个重要启示：凡是能够缓解态度三种成分矛盾的认知都易于被个体所接受。我们现在用这种理论来分析一下两个典型案例，宗教与畅销书。

世界上有70%的人信仰宗教，主要是佛教、基督教、伊斯兰教、道教。为什么会有这么多人相信宗教呢？重要的原因之一是宗教能够缓解人对生与死这一事情上态度的不协调。我们周围有许多人在生与死的问题上认知情感和行为都是矛盾的。认知上认为人必然要死，情感上不喜欢死，行为上不得不死，这种矛盾就产生了强烈的紧张，导致巨大的痛苦；而任何宗教都会告诉人们死后以这样或那样的形式继续存在——或者进入天堂，或者进入轮回，或者得道成仙，或者进入极乐世界。试想，假定人认为死亡就是油尽灯枯、灰飞烟灭、化为腐土，那将是多么的痛苦！再试想，人死后可以进入天堂，与家人朋友相聚，看不尽风景，尝天下美食，何其快哉！所以大部分人相信宗教根本不是因为宗教教义本身是科学的、有道理的，而是因为其教义能够让人感到身心愉悦。

再举个例子。有一部分畅销书畅销的原因就在于它们所宣扬的思想能够缓解人们态度矛盾所产生的紧张。这种书多是属于生命力有限的流行书。比如有一本减肥书卖得非常好，销量高达140万册。大多数胖子对于节食的态度都是矛盾的。认知上认为应该少吃，情感上喜欢多吃，行为上又控制不住多吃，于是产生强烈的紧张，内心弥漫着痛苦。这本减肥书之所以畅销，是因为名字起得太好了。许多胖子一看书名就眼睛一亮，顿觉世界一片光明——这本书的名字叫《多吃减肥法》。

市面上流行的"人人可以成功""人人都可以发大财"之类的书籍，大多是因为缓解了人三种态度成分之间的矛盾而广受欢迎。究其内容在理论上往往漏洞百出，但它有一个重要的作用——哄人开心。

从上述两个例子可以看出，即便思想观念是不科学的，只要能缓解态度的矛盾都易于流行。这是属于难度极高的思想传播。如果组织文化建设的内容是科学的、客观的，同时又能缓解组织成员态度的矛盾或增强其态度的内在协调性，那么建设进程将大大易于推行。

2. 重复内化理论

内化就是外部的价值观被人高度接受并形成稳定的思想观念的过程。心理学研究表明：重复的信息输入有助于观念的内化，重复的、多渠道的信息输入更加有助于观念的内化。

信息输入的渠道主要有五种：听、说、写、看、做。

（1）听：通过声音接受外部信息以达到观念内化。这种听可以是老师讲课，可以是看电视、听收音机，也可以是听父母唠叨，大量地听可以改变人的潜意识，形成观念内化。比如女性的平均疑心程度比男性的平均疑心程度要高，其原因就是"听"的结果。因为在女性的成长过程中会受到大量的防范意识的教育，小心上当呀、小心吃亏呀、坏人很多呀之类，这种防范意识教育的强度远远要超过男性所获得的强度，所以女性成人以后普遍疑心比较大。

（2）说：个体在说话的同时也强化自己的意识。比如，教师的总体道德水平比社会平均水平高，就是因为教师需要为人师表，经常教育别人，在教育别人的同时也强化了自己的道德意识。

（3）写：让个体抄写规定的内容以达到观念内化。比如，笔者曾经给一群企业领导上口才训练课，有少部分人属"土包子"型，只能在其管理的下属面前侃侃而谈，一到非下属面前当众演讲就结结巴巴。究其原因，原来他们潜意识深处都有这样一个观念："他人的评价很重要。"一般而言，越重视他人评价的人，当众讲话就越慌张。笔者就让他们抄写一句话："他人的评价不重要，我不是为别人的嘴皮子而活。"作者让他们抄两万遍，直到大部分人晚上做梦都是这句话。两万遍抄完之后，效果立竿见影：很多人当众讲话再也不紧张了。

(4) 看：通过文字图形接受外部信息以达到观念内化。和尚读经读多了，就会观念内化，进而影响情绪。比如佛经中认为劫难是报应，故有"是劫逃不过，逃过不是劫"的说法。假设一和尚身背巨额现钞在宾馆睡觉，又假设另一普通人身背巨额现钞在宾馆睡觉，他们两人的反应可能截然不同，普通人可能辗转难安，担心钱钞被盗，而和尚可能呼呼入睡，因为和尚认为"是劫逃不过，逃过不是劫"。钱该被偷掉的，看着它也一定会被偷掉；钱不该被偷掉的，不管它也不会被偷。

(5) 做：通过动作来调整个体内心深处的意识以达到观念内化。现代心理学研究表明特定的动作会造成心理暗示，从而引发观念的变化或加深。比如，笔者的一个学生自卑感非常强，笔者就让其每天站在学生公寓的阳台上对着过往的行人做领袖挥手的动作。每天早、中、晚各20分钟，两个月一个疗程。两个月过后，这个学生的精神面貌发生了巨大变化，自信心上升，举手投足之间一副领袖风范。又如，有的人情绪低落，笔者就让他做出微笑的样子，持续20分钟，始终保持这个表情。一般而言，百分之七八十的人20分钟以后就会感到真的开心多了。

3. 参与理论

心理学研究指出个体参与某项活动，则个体易于对该项活动形成认同感。

有调查显示：有不少人皈依宗教不是源起于对宗教观念的认同，而常常是参与了宗教活动导致对宗教观念的认同。比如，先让人参加该宗教某些健身活动，进而逐渐形成对该宗教观念的认同。如果倒过来做，先向个体灌输宗教观念后参加宗教活动，常常比较困难。参与理论被广泛应用于组织文化建设。后面会进一步说明这个问题。

4. 潜意识理论

潜意识是伟大的心理学家弗洛伊德提出的概念。它的含义是：人的意识分为两部分，一部分是意识，另一部分是潜意识。所谓潜意识，就是深藏于人的心灵深处，影响着人的心理、认知、行为，但自己又不知道的意识。而意识是属于个体知道的意识。

潜意识现象在生活中比比皆是。比如，男女一见钟情，当事人大多说不出原因。其实这多半是潜意识在起作用，也就是说，在男女双方潜意识中早就存在着一个喜欢的异性模式，只是自己不知道。这个潜意识可能来自幼年的生活经验，遇到了符合模式的对象以后，潜意识被激发，于是"一见钟情"就产生了。又如，一个25岁的年轻人对于耳朵大的人特别讨厌，但他自己不知道为什么。经过催眠精神分析后才知道，他刚毕业工作时遇到了一个非常凶恶的顶头上司，经常对他劈头盖脸地责骂，最后还解雇了他。这个上司有一个非常明显的特征，就是耳朵特别大。于是在这个年轻人的潜意识深处，大耳朵就代表了凶恶、残忍和无礼。从此以后，他一看见耳朵大的人就非常讨厌，但他不知道为什么。这就是潜意识在不知不觉地影响他的心理和行为。

在组织文化建设中，潜意识中的观念调整也需纳入考虑的范围。调整潜意识的方法主要也是通过重复信息输入，即听、说、写、看、做。

5. 原子价值观理论

所谓原子价值观，就是价值观当中最基础的、不可分割的价值观，又称基本价值观，或尺度价值观。其他价值观常常是原子价值观的组合或衍化。所以，原子价值观决定了个体的整体价值观的基本属性。在组织文化建设当中，应该重点建设和改造原子价值观。重点建设和改造原子价值观常常能够起到事半功倍的效果。

举个例子，某大山区来的员工负责公司大楼的厕所打扫工作，扫完后厕所还是非常脏，公司行政总监就批评这位员工，这位员工当面不敢反驳，背后牢骚满腹，到处抱怨行政总监歧视员工，诉说自己如何工作努力，但行政总监鸡蛋里面挑骨头，污蔑员工厕所打扫不干净。

问题出在哪里呢？

问题出在这位行政总监仅仅是指出员工的行为不佳,没有改变员工评判卫生的标准,也就是没有改变员工的尺度价值观或者是原子价值观。

这位员工是用大山区里茅坑的卫生标准来衡量上海厕所的卫生标准,他随便扫扫,就真心实意地认为已经非常非常非常干净了,却遭到了行政总监严厉的批评,自然认为受到冤枉。这两个人的尺度价值观是不一样的,所以这样的沟通其实是鸡同鸭讲,是没有效果的。

正确的做法是:行政总监带着这位员工去参观上海各处的厕所,改变他的卫生评判标准,再指出本公司厕所不太干净,这样效果就比较好了。

再举个例子。我教过一个研究生,他找了一个女朋友,两个人经常互相扇耳光,啪啪清脆响亮,有几次脸都扇肿了,周边的同学都颇为惊疑,认定他们迟早要散伙的,但他们两人却结婚了,为什么呢?因为这两人都来自离婚单亲家庭,他们的原子价值观或者说尺度价值观与常人是不一样的,因为他们两人的父母都互相经常动刀子,至于互相掐脖子,掐得两眼翻白,狂喊救命,那是司空见惯的。所以相对于动刀子、掐脖子而言,扇耳光还算是比较温柔的,对他们这对特殊的情侣而言还算是可以接受的,所以他们最终偷偷地扇着耳光恩恩爱爱地举办了婚礼。

第六节 组织文化建设的方法

组织文化建设的方法分为两大类:一类为灌输式,一类为参与式。前者主要是组织行政当局单方面向组织成员灌输信息,后者主要是让组织成员参与设计好的活动,使其自动得出某些观念是对或是错的结论。在过去,灌输式组织文化建设在东方较多,参与式组织文化建设在西方较多。现在,两者已经形成融合的趋势。就阴阳关系来说,参与式组织文化建设为阳,灌输式组织文化建设为阴,两者要平衡。同时，组织文化建设的具体方法，可以在实践中不断创新发展。现举例若干种以加深读者理解。

1. 灌输式组织文化建设的方法

（1）早会或例会宣讲。

所谓早会或例会宣讲，就是在每天上班前用10～20分钟时间宣讲公司的价值观念。早会或例会宣讲应注意以下几条。

① 事先应充分准备好宣讲材料。比如，假定要建立"节约成本"的企业文化，那么围绕着"什么是节约成本的文化""为什么要节约成本""如何节约成本"准备好详细的宣讲材料。宣讲材料要有理有据，有充分的说服力。

② 一个宣讲主题应多次重复宣讲。一个主题宣讲一至二周，每天宣讲同一主题，但应采用不同的方式宣讲同一内容，以免听众感到枯燥。重复是提高内化程度最重要的方法。

③ 早会或例会宣讲主要是进行思想建设。有的公司开早会或例会主要是布置当天的工作任务，这当然也不是错误，但这不属于组织文化建设。组织文化建设是思想观念建设。

④ 早会或例会宣讲应有一个严肃的气氛。大多数以早会或例会宣讲方式建设组织成员思想的组织用站立的方式进行，一般早会或例会宣讲结束时高呼口号，口号一般应该反映该组织的核心价值观。喊口号可振奋精神，提高人的神经兴奋度，对提高工作效率是有利的。

⑤ 同一主题应周期性反复。比如，用一周早会或例会时间宣讲建立成本观念，过了几个月后，还可以用一周重复同样的主题，再过几个月再次重复。重复是组织文化建设最重要的原则。

⑥ 早会或例会宣讲的时间宜控制在一刻钟左右。调查显示，早会或例会宣讲时间太短则效果不明显，宣讲时间太长则容易使受众疲劳，产生逆反心理，一刻钟左右的时间是比较合适的。

⑦ 早会或例会宣讲的主持者应多样化。推行早会或例会宣讲制

的组织在开始阶段每天应由主要干部主持,以定下主要的宣传调子,以后可以安排组织成员主持,但要防止组织成员主持早会或例会宣讲偏题,或宣传与组织价值观念相反的事。

⑧ 把握好早会或例会宣讲频率问题。早会或例会不宜每天进行,应该有所间隔。组织文化建设活动业务忙时少做点,业务轻松时多做点,否则会产生疲劳感,使受众产生反感情绪。

早会或例会宣讲是建设企业文化最重要的方法,松下幸之助曾说过:没有社训的公司是没有灵魂的公司。

(2) 电脑开机画面宣传。

把组织文化的主要内容放在各个电脑开机画面上,或者设置为屏幕保护。在画面设置上要美观有趣,要定期更换屏保的图形,也可以把组织文化主题演化成各种不同的小故事,不断地更换屏保的内容,保持受众对信息的敏感性,以免产生厌烦情绪。

(3) 短信微信宣传。

组织负责文化建设的人员周期性地把组织文化建设的主要内容以短信、微信的方式发给组织成员,宣传的内容要从不同的角度阐述相同的主题,内容编排上要尽量生动活泼,内容要言简意赅,多用警句格言,要注意把新东西与旧东西相结合。特别还要注意,不要天天发文化建设短信,以免引起厌烦感。

(4) 外出参观。

外出参观学习也是建设组织文化的好方法。首先它可以提高组织成员的兴趣,提高组织成员对组织文化建设的参与度,进而提高对组织文化的认同感。它还有另外一个作用,就是向广大员工暗示:组织管理当局对员工所提出的要求是有道理的,因为别人已经做到这一点了,我们没有做到这些是因为我们努力不够,应该改进工作向别人学习。再次,外出参观学习还可以提供形象化的工作标准,因为很多工作标准是无法用语言来描述的,而通过亲身观察,可以具体地知道

什么是"服务态度好""清洁卫生""工作主动""尊敬领导"等。当然,外出学习的效果与讲解人员的水平也有一定的关系,一定要选一个好的讲解员。

(5) 文体活动。

文体活动是指唱歌、跳舞、体育比赛、国庆晚会、元旦晚会等,在这些活动中可以把组织文化的价值观穿插进行。比如,唱歌内容可以是歌颂组织先进员工的敬业精神,晚会中的小品可以围绕着成本观念如何重要来组织,体育比赛则体现了一种奋斗向上的竞争精神,舞会的主题是团结协作多么重要,国庆晚会、元旦晚会还要穿插表扬先进。用文体活动来建设组织文化要生动有趣、富有艺术性。组织文化的内容应巧妙而不是生硬地穿插其中,让组织成员在欣赏节目中不知不觉地接受组织文化的理念。有许多组织对组织文化的理解是有误区的,有的人认为搞了文体活动就是组织文化建设,比如公司或机构的春节晚会,开头是爱情歌曲,后面是爱情舞蹈,再后面是爱情小品,那么这个春节晚会就不是组织文化建设而是爱情文化建设。

(6) 创业陈列室。

设立创业陈列室,把组织文化的内容融入其中,让新来的人员参观学习,也是一种建设组织文化的方法。陈列室内容直观形象,让人参观完以后要有一种感觉,组织之所以成功就是因为组织所宣导的文化所致;并且陈列室的内容要显示一种奋发向上的精神,要让大家知道"今天的局面来之不易""办法总比困难多""道路是曲折的,前途是光明的"。另外,陈列室里还可以把对组织成功起关键作用的人物肖像挂在那里,介绍他们的先进事迹,激励大家向他们学习。

(7) 外部权威宣讲。

引入外部权威进行宣讲是一种建设组织文化的好方法。因为外部权威的言论似乎更有客观性,俗称"外来的和尚好念经"。这种外部权威有学术权威、知名企业家、政府高官等。选择的权威个人形象一定要好,宣讲内容要多讲事例,多讲切身体会,而且事先要沟通好,所讲的内容要与组织文化具有高度的一致性,另外平时一些领导不方便讲的话,比如对部属整体性的否定:"这个企业的风气不太好,观念落后,会在竞争中被打败",这种话得罪的人会很多,最好请外部权威来讲。当然,请来的人要口才好,否则效果不佳。

(8) 抄写。

把组织文化内容提炼成经典文章,让组织成员反复抄写,这样可以产生很好的观念内化效果。这种方法在宗教组织当中比较常用。有的宗教组织把抄写"经典"当作一种信奉宗教的义务,抄写到一定数量便可获得对应的神品封号。抄写经典文章也可以与犯错误挂钩,抄写的内容也可以是组织的规章制度,比如某人犯了错误,可以给他两种惩罚方式由他选择,一是罚款若干元,二是抄写规章制度若干遍。只要这两者比例关系得当,人们一般会选择抄写规章制度,只要抄写的遍数足够多,被教育者一定会牢牢记住。

(9) 张贴宣传组织文化的标语。

把组织文化的核心观念制作成标语张贴于组织的显要位置,用这种方法的关键是:标语的数量要足够多,而且标语要挂在不容易被破坏的位置,比如位置可以高一点,以免有人涂改或撕掉。另外还要注意的是:用这种方法要注意标语制作应美观大方,内容应重点突出、对比鲜明、朗朗上口,如果能够设计得非常幽默,那就更好了。还有,标语要定期更新,以免产生破旧感,让人厌烦。

(10) 阅读经典。

把组织文化内容提炼成经典汇集成册,组织大家时时学习、研讨、引申。这种组织文化建设的方法在各种政党或宗教组织中比较常见。另外经典也可以到传统文化里面去找。笔者在管理各类组织时,经常组织大家学习《论语》《孝经》等,只要长期坚持,组织成员的道德水平会有明显的提高。当然,这种经典还可以从知名作家和伟人著作中寻找。

（11）观看视频录像。

可以购买与组织文化相近的宣讲录像，或有助于组织文化建设的故事片，组织大家观看录像，可以多次重复看，看完以后还可以组织大家讨论，写心得体会，并对讨论中讲得好的，心得体会写得好的给予奖励。

2. 参与式组织文化建设的方法

（1）游戏。

在欧美比较倾向于通过游戏进行组织文化建设。这些游戏都是特定而专门设计的。首先让组织成员分组，然后各组选举出正、副组长。正、副组长负责动员、指挥、激励工作。游戏以竞赛的方式进行，以得分高低表示参加游戏各个小组的水平高下。参加游戏活动之后，组织他们进行讨论，分析本组为什么胜利或者失败、其他组为什么胜利或失败、从中得到哪些经验教训。最后让每组代表发言。其目的是让组织成员自己教育自己。比如假定游戏设计的目的是为了增强团队精神，就可以做以下游戏，名字叫"孤岛求生"。

把参加游戏的人分成四组，每组给一张报纸铺在地上，要求每组的每一个成员一只脚踩在报纸上，另一只脚悬空。成员互相搂抱在一起，看哪一组成员坚持不倒的时间长。如果大家都不倒，则报纸撕掉一半继续比赛，如果再不倒就再撕一半，直至分出胜负。接着各组讨论为什么胜利或者失败。组织成员互相搂抱在一起的过程会产生一种独特的心理体验，同时这个游戏必然使讨论得出这样一个结论：团队多么温暖，团结多么重要。于是各组派代表发言。这就起到了员工自己教育自己的作用。然后再换一个游戏，如法炮制，连续做一天。一般一天以后组织成员的团队精神会明显加强，思想会起变化。

（2）选举。

定期组织大家选举符合某项组织文化的"做得好"的人和"做得差"的人。比如某家公司把"主动工作"作为组织文化建设内容之一，定期组织各个部门员工选举本部门工作主动性最好的人和工作主动性最差的人。对前者给予象征性的物质奖励或其他强化,对后者给予象征性的物质惩罚或其他惩罚。如果某个部门存在"老好人"倾向,大家对选举"做得差"的人会有心理障碍,前文已述可以采用选举80%"做得好"的人的方式变相选出做得差的人。比如,某部门有10名员工,组织大家选举8名工作主动性强的人,那么得票最少的人就是"拨一拨,动一动——挤牙膏式员工"的"典范"。

(3) 制造戏剧性的故事在组织内部流传。

有关组织的故事在组织内部流传,会起到组织文化建设的作用。

有一家企业建立了一种以顾客为导向的企业文化,公司内部流传着这样一个故事:一天,销售部门来了一位顾客,这位顾客大肆抱怨卖给他的轮胎不好,销售人员正要向顾客解释,恰好公司总经理路过,总经理立刻吩咐职员,把轮胎收下,把钱全部退给他,职员带着疑惑不解的表情办完此事。等顾客走后,职员对总经理叫道:"我们根本就没卖过轮胎给他呀!"总经理说:"这我知道,关键是要让顾客满意才行。"这个故事在这企业广为流传,有力地推动了"以顾客为导向的企业文化的形成"。

还有一家公司,强调"以人为本"的企业文化,公司内部流传着这样一个故事:有一次总经理视察仓库,发现仓库保管员坐的椅子只有三条腿,总经理看到漠视员工的现象非常气愤,于是对外宣布要召开一个隆重的表彰大会,内容是后勤工作出色,应对主管后勤的总务部予以奖励。表彰大会如期召开,在热烈的掌声和欢快的乐曲声中,总务部主任满面春风地走上主席台,总经理亲手将一件用红布盖住的奖品授予总务部主任,总务部主任揭开红布一看:原来是一把三条腿的椅子。这个故事在这家企业广泛地长期流传,同样有力地推动了企业文化建设。

还有一个故事:某企业十分强调安全生产,公司内不能有火种,他们的组织文化建设非常成功。每进一个新员工，都会有无数的老员工告诉他：上班时不能抽烟。有一次有人上班抽烟，被董事长罚了款，烟头钉在一块木板上，再贴上该员工的劣迹，派了一名员工每天举着木板到各个车间游行一圈，边游行边高声叫道：上班抽烟，罚款一千！这样游行了一个月。由于这件事搞得特别有趣，其效果远比出一个处罚通告影响时间长。如果仅仅是出一个处罚通告，大约过不了几个月，大家也就忘记了这件事，而在这家公司不同，虽然事情过去十年了，每当有新员工进来，照例有无数的老员工津津有味地讲起举牌游行的笑话，起到了很好的思想教育作用。

制造戏剧性的故事在组织内流传，实质上是让员工自己教育自己。关键是这个故事要有戏剧性，否则不易长久传播。

（4）组织成员思想小结。

所谓思想小结，就是定期让组织成员按照组织文化的内容对照自己的行为，自我评判是否做到了组织要求，又如何改进。思想小结是一种很有效的方法，这是一个自我反省的过程，可以促使组织成员认真思考自己的优缺点，从而达到优化行为的效果。

思想小结上交后，应由领导给予评论并反馈给组织成员，指出对其反省的看法。这个反馈的过程是很重要的，缺少了这个反馈，效果就大大下降。

思想小结的频率可高可低，一般是一月一次，也可一周一次，结合早会学习内容写小结。如果一年一次则频率太低，失去了调整行为的良机，因为也许错误已经延续了很长的时间。

对于思想小结真实、诚恳的组织成员应公开表扬，对文过饰非的思想小结应公开宣读但不点名批评，以逐步把组织成员的行为调控到认真总结其行为的轨道上来。

（5）树立先进典型。

树立先进典型，即给员工树立一种形象化的行为标准和观念标志。首先，通过典型，员工可形象、具体地明白"何谓工作积极""何谓工作主动""何谓敬业精神""何谓成本观念""何谓效率高"，从而提升员工的行为。上述这些行为都是很难量化描述的，只有具体形象才可使员工充分理解。其次，树典型会有某种暗示：别人可以做到的事，你也应该能够做的，这就为企业对员工的要求提供了某种合理性的证明。树典型应注意以下几条原因：

首先，典型应是真实的，不应是人为制造出来的假典型。虚假的典型会有巨大的反作用，因为这充分暗示上层领导是"糊涂虫"。

其次，典型要有稳定性，不能今天是典型，明天就倒下了。

再次，对典型要不断地教育培养，纠正典型在工作中的错误，使典型更加高大。另一方面要注意爱护典型，勿使其心理压力过大。

（6）引进新人，引进新文化。

引进新的工作人员，必然会带来一些新的文化，新文化与旧文化融合就形成另一种新文化。例如，在2001年有一家国有企业转制职工持股的股份合作制企业，机制转了，企业文化没有变，仍旧是"效率低下""互相扯皮""等靠要""没有市场开拓意识"等，该企业就大量引进有三资及民营工作经历的员工进来工作。在初始阶段，企业内部文化冲突厉害、矛盾重重，该企业管理当局采用多种方法改造企业文化，过了一段时间，企业终于形成了一套适应市场经济的文化。

（7）开展互评运动。

所谓互评运动，是员工对照企业文化要求当众评价同事工作状态，也当众评价自己做得如何，并由同事评价自己做得如何，通过互评运动，摆明矛盾、消除分歧、改正缺点、发扬优点、明辨是非，以达到工作状态的优化。开展互评工作一般应先做动员工作，号召大家打破情面观念，安排杰出分子做出表率、带动气氛。在某些情况下还可以使用一些辅助手段，比如互评之前宣布要对"老好人"予以记录或处罚，个别企业甚至在互评之后选举一个"老好人"，这样大家互评的认真程

度就大为提高了。有的企业互评运动组织得很周密,笔者观察到效果极佳。另外要注意这种方法和选举式是有区别的:互评运动着重于组织成员当面沟通、当面评价,难度更高,效果也更好。

(8) 旧歌新词翻唱。

把大家耳熟能详的旧歌中的歌词改掉,改成组织文化建设的内容,组织大家学习歌唱。选择旧歌的标准:首先是大家都熟悉的,其次是大家都喜欢唱的。如果遇上了极度流行的,且大部分成员都会唱的流行歌曲,就可以用该歌曲填上组织文化建设的内容,组织大家演唱,此谓寓教于乐。

(9) 动作仪式。

把组织文化的内容设计成有特定含义的动作仪式。组织成员举行仪式,可以形成心理暗示,内化组织文化观念。动作仪式的设计要尽量使人明白其中的含义,如果设计的动作仪式含义难以理解,则需事先反复宣讲。只有组织成员明白了动作仪式的含义才可以形成心理暗示。现代心理学研究表明,动作对心理的暗示作用是比较强的,效果超过一般人的想象。在这方面不少宗教组织做得是比较成功的。

(10) 舞蹈。

把组织文化建设内容设计成特定含义的舞蹈动作,并配以音乐或歌曲,组织大家跳舞,这种方法也会形成心理暗示,内化组织文化观念。同时舞蹈还有健身作用,可谓一举两得。舞蹈设计以简单易行、方便理解、美观优雅为原则。

当然,参与式组织文化建设方法还有很多,可以尽情发挥创造。

第七节 组织文化内容的选择

建设组织文化必须对需要建设的文化进行选择,选择因素有三:

首先是组织存在的目的。组织文化内容的选择很大程度上是围绕着组织存在的目的转。如果组织是企业,那么组织文化的选择与企业提供的产品有很大的关系。比如,软件公司的组织文化必然会包含学习、创新等内容,军工企业的组织文化就应包括保密的内容,宗教组织的组织文化多半含有爱心文化。

其次是组织的发展战略。假定组织是企业,该企业的发展战略是低成本战略,它提供产品的特点就是价格低,那么成本意识必须弥漫于组织的一切角落,否则这家企业无法实施低成本战略。假定组织是政党,该政党的战略目标是成为草根阶层的代言人,那么组织文化当中应该强调平等意识。

再次是组织的发展周期。任何一个组织都有出生、成长、成熟、衰退的周期。只不过有的周期只有几个月,有的则长达几百年。在组织发展周期的不同阶段,组织应该建设不同的文化。比如在组织成长期,它的主要问题是"混乱",因此组织必须建设"规范"的文化。在组织衰退期的主要问题是"保守",这时应该建设"创新"的文化,通过文化建设来延长组织生命周期。

第八节 组织文化建设的原则

组织文化建设应遵循以下几个原则:

(1)组织文化建设应与利益机制建设并行。纯粹的组织文化建设是行不通的,纯粹的组织文化建设刚开始会有些效果,如果单兵突进,就会走向事物的反面。

(2)组织文化建设要做好建设好文化与消灭坏文化的平衡。纯粹的建设好文化不但难度大,而且效率低。

(3)组织文化建设的核心是观念改造。观念改造后,才会外化成工作气氛和组织风气。所以,观念的改造是核心。

（4）组织文化建设的手段和方法要多样化，否则会形成受众疲劳。单一使用一种方法，会产生边际效应递减的现象。

（5）组织文化建设应服从于组织目标、战略与周期；也就是说，组织文化建设应该是一个动态的过程。

西方领导心理学基础理论
第十七章

一、早期的激励理论

激励理论是行为主义科学的核心,因此说到激励理论,不能不提及当时影响巨大的行为科学学派。20世纪50年代是行为科学学派兴起的时代,相应地,激励理论也得到了卓有成效的发展,形成了三种著名的激励理论:需求层次论、X理论和Y理论、双因素理论。这些理论对员工激励做出了最著名的解释。为当时的企业管理者激励员工提供了理论支持,指明了方向。即使是在现代社会,这些理论仍有着深远的意义,对企业管理者有着巨大的影响。

1. 需要层次论

需要层次论即使在现在,仍可称得上是最著名的激励理论之一。1943年,亚伯拉罕·马斯洛在《人的动机理论》一书中提出了著名的需要层次论,在这一理论中,马斯洛认为人的需求可以从低到高分为五个层次,如下图所示:

(1) 生理需要。

在人的五种需要中,人的生理需要是最基本的、最优先的需要,它包括饥饿、干渴、栖身、性和其他身体需要。这是一个人生存所必须的条件,一个人在吃都没有保障的情况下,它对食物的兴趣将远远大于对艺术、对汽车的兴趣。

(2) 安全需要。

安全需要即保护自己免受生理和心理伤害的需要,包括人身安全、工作稳定、有劳动保护、有保险、喜欢与熟人而不是陌生人交往等,以保证自己免于危险和灾难。

(3) 归属和爱的需求。

安全需要层次上面的需要是社会的需要,包括爱的需要、归属的需要、被接纳和友谊的需要。人生活在社会之中,往往渴望获得温暖和友谊,得到他人的关心和照顾。

(4) 尊重需要。

尊重需要可以分为两个部分:外部尊重和内部尊重。其中,外部尊重包括获得社会地位和名誉,被他人关注、推崇和认可;而内部尊重则主要指个体的自我尊重,如独立、自主、自由。

(5) 自我实现需要。

马斯洛认为这是最高层次的需要,处于这一需求层次的人往往努力于追求个人能力的极限,包括成长、发挥自己的潜能和自我实现。

马斯洛认为,人的需求有高层次和低层次之分。生理需要和安全需要属于低层次的需求,而社会需要、尊重需要、自我实现需要则属于高层次的需求。人的需求是从低到高依次排列的,只有满足了较低层次的需求,高层次的需求才会产生,并需要予以满足。为了生存,人首先需要吃饭、穿衣、有住所,需要有一份稳定的收入,需要保证人身安全不受威胁,这些是较低层次的目标。一旦解决了衣、食、住、行问题,满足了生理需要和安全需要,人就会产生新的、更高层次的需要,他需要与人交往,渴望得到别人的尊重,拥有一定的社会地位,希望能发挥自己的能力,实现个人的人生价值。这时,最需要满足的就是这些高层次的需要,低层次的需要则相对处于次要的地位了。

那么,如何区别需求的高低呢?马斯洛提出了区分这两个层次的一个基本的前提,即较高层次的需要主要通过内部如工作本身、社会地位等使人得到满足,而低层次需要则需通过报酬、合同、任职期等外部因素使人得到满足。根据这一分析,不难得出这样的结论:在经济繁荣时期,管理者应通过对较高层次需要的满足来激励员工,因为员工的大部分低层次的需要都已经得到了很大程度的满足;反之,在经济萧条或经济危机时期,由于员工的收入降低,安全没有保障,这时,采取措施满足低层次需要将会更加有效。

2. X 理论和 Y 理论

继马斯洛的需要层次理论后,美国学者道格拉斯·麦克戈雷格提出了自己的人性假设,并在此基础上形成了两种截然不同的理论——X 理论和 Y 理论。

在 X 理论中,管理者关于员工人性的假设基本上是消极的:

(1) 企业员工天生是懒惰的,他们讨厌工作,尽可能逃避工作;

(2) 由于员工会尽量逃避工作,管理者须制定严厉的规章制度和处罚措施,强制其工作,加强控制或惩罚,以迫使他们实现企业的目标;

(3) 员工害怕承担责任,会尽可能寻求上级的正式指示以避免损失;

(4) 大多数员工工作不主动,没有进取心,强调工作的安全感。

在这些假设下,持 X 理论的管理者往往强调控制和惩罚。他们将员工当作经济人,因此在激励员工时也往往注重物质方面,主要采取金钱奖励或惩罚的方式。

在 Y 理论中,提出了四个积极的假设,与持 X 理论的管理的消极假设恰恰相反:

(1) 员工工作不仅仅是为了获取报酬,有时员工也有可能会认为

工作是一种享受、休息或者游戏,是一件很自然的事;

(2) 在工作中,员工会自我控制、自我引导、积极主动地实现自己对工作的承诺;

(3) 对工作,即使普通员工也会学会接受甚至寻求并主动承担责任;

(4) 在企业中,不仅仅只有高层管理者才具备决策能力,普通员工也具有一定的创造性决策能力。

根据这一假设,道格拉斯·麦克戈雷格认为人不仅仅是经济人,还是社会人,所以在激励员工时,不仅要注重员工的物质需求,也要考虑员工情感、关系、精神的需要;不能光有控制和惩罚,还应当充分发挥员工的主动性和创造性。因此,Y理论建议企业管理者采取一些可以促进员工工作动机的方法,包括让员工参与集体决策,为员工提供具有挑战性的工作,充分信任员工,让其充分发挥自身的才能,在组织内创造一种良好的氛围,建立融洽的群体关系,等等。

比较马斯洛的需求层次论、X理论和Y理论,我们可以发现两者是相通的,X理论的假设实际上就是认为人的低层次需要是主导需求,它主导了个体的行为,而Y理论则假设个体的较高层次的需要对人的行为起着主导作用。那么,X理论和Y理论哪种更有效呢?道格拉斯·麦克戈雷格自己认为Y理论比X理论更符合实际。但是,无论是道格拉斯·麦克戈雷格本人,还是支持道格拉斯·麦克戈雷格的其他学者、企业家,都没有发现足够的证据可以证明哪一种更为有效,也没有证据证明Y理论可以使员工受到更多的激励,更好地改变员工的行为。

在企业管理实践中,我们可以发现许多采取X理论的企业,也可以找到Y理论的推荐者,两者都不乏成功的案例。这说明,在一定的环境下,X理论和Y理论都可能是有效的,不能一概而论地认为X理论有效、Y理论无效或是Y理论有效、X理论无效。

3. 双因素理论

双因素理论又称激励—保健理论,是美国心理学家弗雷德里克在一系列调查的基础上提出的。在《你如何激励员工》的著作中,他系统地阐述了这一别具一格的激励理论,赫兹伯格认为:个人与工作之间的关系是人的基本关系之一,在这种关系基础上所形成的员工的工作态度将对工作的成败起着决定性的影响。

在调查中,赫兹伯格想搞清一个问题:人们渴望从工作本身得到什么?为此,他以问卷的形式请被调查者详细描述:什么时候你对工作特别满意,什么时候你对工作特别不满意及原因。通过12次详细调查,赫兹伯克得到了203名会计师和工程师1 844人次的调查资料,经过制表、分类、汇总、分析,赫兹伯格认为:使员工满意和不满意的影响因素是不同的,而通过外部环境的作用而产生的因素则是引起员工不满意感的主要因素。

赫兹伯格在双因素理论中将引起职工十分满意和非常不满意的主要因素进行了归纳,其中使员工感到满意的因素集中于工作本身:

(1) 成就;

(2) 领导的赏识;

(3) 晋升;

(4) 工作本身;

(5) 个人的发展前途;

(6) 个人在工作中所承担的责任。

而使员工十分不满意的因素有:

(1) 企业的规章制度、政策;

(2) 企业的各种监督特别是技术监督;

(3) 与上级的关系;

(4) 与同事的关系;

(5) 与下级的关系;

（6）工资报酬；

（7）职务保障、工作稳定性；

（8）个人生活；

（9）工作环境、工作条件；

（10）职位。

赫兹伯格将影响人们工作态度的因素分为两大类，其中使职工感到极端不满意的因素称为保健因素，如公司政策、人际关系、工作条件、职位、薪金等，而使职工感到非常满意的因素则是激励，包括个人的成就、上级的认可、工作本身、个人发展前途、晋升等。在双因素理论中，赫兹伯格提出了一系列新的观点：

（1）对传统的关于满意和不满意的定义做出了修正。

通常人们认为，满意的对立面就是不满意，但赫兹伯格的统计表明这是不对的，他认为：满意的对立面不是"不满意"，而是"没有满意"；相应地，不满意的对立面也不是"满意"，而是"没有不满意"；两者只是量上的差异，并没有本质的区别。

缺少保健因素时，员工会感到非常不满意；具备保健因素时，员工就会没有不满意，但并不会感到满意。具备激励因素时，员工会感到满意；一旦没有激励因素，员工只是没有满意，但不会感到不满意。所以满足保健因素，消除工作中的不满意因素并不必然会增加员工对工作的满意程度。

（2）为了调动员工的工作积极性，企业管理者应该致力于满足员工被称为激励因素的那部分需要。

企业中没有保健因素将引起员工不满，当其具备保健因素时却并不一定可以调动员工强烈的积极性。同时，具备激励因素可以导致强烈的满足，但缺少激励因素却不会像缺乏保健因素那样引起强烈的不满。赫兹伯格认为：导致员工对工作满意或者不满意的因素是完全不同的，企业管理者如果仅仅致力于消除员工不满意的保健

因素,可以减少员工不满意,可以安抚员工,为企业带来平静,但也仅此而已,这不能对员工起激励作用;如果想有效地激励员工,还得从工作本身出发,采取内部奖励的方式,强调成熟、责任、晋升、工作本身往往比强调人际关系、工作环境的改善、增加员工工资等措施有效得多。

(3) 激励因素起源于工作本身,是以工作为核心的。

激励因素是员工工作时发生的,工作本身就是为员工带来满意、调动员工积极性的有效方法。

双因素理论问世后,赫兹伯格曾遭到许多批评,就双因素理论的运用程序的限制、研究方法的可信度、适用范围、是否对人们的满意度进行整体测量等方面受到质疑。尽管如此,双因素理论还是得到了广泛的流传,为众多企业管理者熟悉、运用,现代的许多激励手段的创造和运用,在很大程度上与赫兹伯格的双因素理论有关。

二、当代激励理论

早期的三种激励理论对激励理论的形成和发展起到了十分重要的作用,并在以后相当长的时期内在世界范围内广为流行,在很多方面提出了全新的观点和建议,对企业的激励起了很大的指导作用。但这些理论往往存在这样或那样的缺陷,要么是经不起严密的推敲,要么是没有足够的证据证明,或者只是做出定性的判断,但缺乏定量的分析和研究。

在这些激励理论的基础上,许多专家学者纷纷提出了自己对激励的看法和观点,对激励理论进行进一步的完善或者是修正。它们都有一个共同的特点:每一个理论都有相当确凿的材料来支持论点,这恰恰是早期激励理论所缺乏的。为区别起见,我们将这些理论统称为当代激励理论,它们代表了当前对员工激励艺术和技巧的解释。下面介绍其中几种。

1. ERG 理论

在马斯洛需要层次论的基础上,耶鲁大学的克雷顿·奥尔德弗修改了马斯洛关于人的需要层次的定义,重组了需要层次,使其和实证研究一致,他认为人有三种核心需要:

(1) 生存;

(2) 相互关系;

(3) 成长。

他针对这三种核心需要提出了激励理论,即 ERG 理论,ERG 一词取自 existence、relatedness 和 grow 的首字母。

奥尔德弗提出:生存需要是指满足人们基本生存的物质需要,这相当于马斯洛需求层次论中的生理需要和安全需要两种基本需要。相互关系的需要是指在组织中维持良好人际关系的需要,满足社会、地位和交际的需要,相互关系就相当于马斯洛所说的社会需要和尊重需要外在的部分。而成长的需要则是个人发展的内在需要,这部分需要其实就是个人内在的尊重需要和自我实现的需要。ERG 理论和需求层次论中需求的异同可以列表表示:

ERG 理论	需 求 层 次 论
生存需要	生理需要、安全需要
相互关系的需要	社会需要、地位、被人认可、关注和尊重的需要
成长的需要	自尊、自立和成就的需要、自我实现的需要

针对马斯洛将需求层次定义为一个从低到高排列的阶梯序列,只有较低层次的需要得到满足,人才会产生新的、更高层次需要的观点,奥尔德弗表达了自己不同的看法,在 ERG 理论中,爱尔德提出并以充分的证据证实了以下观点:

(1) 在人的各种需要中,人的多种需要在同一时间内共存。

(2) 在同时共存的多种需要中,如果其中层次较高的需要不能得到有效的满足,那么人们会转而追求较低层次的需求,满足低层次的愿望会变得更加强烈。

ERG理论的三种需要之间不存在绝对的界限,三种需要构成了一个连续体而不是从低到高的层次,个体不仅会在满足低层次需要的基础上追求更高一级的需要,即使在低层次需要上得不到满足或者得到很小程度的满足时,个体也可能扭转而寻求更高层次的需要。举个例子,在我们的现实生活中,有很多人的生存需要、相互关系的需要还远远没有得到满足,但他们却在为成长而努力工作,这其中,成长的需要起着很大的作用,或者说生存、关系、成长三种需要在同时对这些人起着激励作用。

需要层次论认为,在某一层次的需要得到满足以前,个体会停留在这一特定的需求层次,不会前进,更不会倒退;而奥尔德弗则认为,当个体的高级需求遭受挫折、无法满足时,人对低层次需求的愿望会相应增加,倒退至较低的需求。这可以用来解释在一个内部人际关系复杂、发展前景不明的企业中为什么员工往往会追求更多的工资或更好的工作条件,因为其关系、成长的需要得不到充分满足,只好转而追求较低的生存需求。

尽管存在某些差异,ERG理论和需要层次论在很多方面还是一致的,并未超出需要层次论的范畴,区别在于需要层次论侧重于论述普遍规律,而ERG理论则强调个体差异,它与人们关于个体差异的常识更为接近,在不同的教育背景、文化背景下,个体需要的重要性或者说需要的排列顺序也是不同的。例如,在日本,人们对社会需要的追求往往高于生理需要,这与ERG理论也是一致的。可以这样说,ERG理论是各种有关需要层次的理论中一种更为有效的观点。

2. 成就需要理论

美国哈佛大学教授麦克利兰和其学生在20世纪50年代创立了成就需要激励理论。在这一理论中,麦克利兰提出了三种新的需要,即成就需要、权力需要和合群的需要。

成就需要往往是一种内驱力，促使个体追求卓越，实现自身目标，争取获得成功。

通过调查、研究，麦克利兰发现，有些人强烈地渴望获得成功，他们追求个人的成就，渴望将工作做得比以前更好或更有效率。这类人，麦克利兰称为高成就需要者。高成就需要者往往寻求这样的环境：在这一环境中，他们能够承担责任，可以获得对自己绩效的反馈以便改进，可以设置中等难度的目标并努力实现。

高成就需要者不喜欢偶然性很高的赌博，他们不是赌徒，他们喜欢为自己设置中等难度的目标，在这一目标下，他们可以接受困难的挑战，可以承担相应的责任，可以凭自己的实力而不是运气来获取成功。这样，他们可以获得充分的成就感。他们不喜欢那些非常容易或者非常困难的任务，因为太容易成功的任务对他们毫无挑战性可言，可任务太困难又往往难以取得成功，两者都难以为他们带来满足感。

用概率的形式表示，高成就需要者最喜欢任务成功的概率为0.5，也就是说他们有50%成功的机会，这时，他们的工作绩效最高。此时，成功和失败的概率非常接近，这是一个人通过努力获得自身成就感的最佳时机。

权力需要是通过自身拥有的权力对别人的行为施加影响，使别人的行为与其他条件有所不同的需要，这实际上是一种控制、支配别人的欲望。有一部分人，他们喜欢承担责任，喜欢并寻求竞争，努力追求个人地位，竭其所能地影响、支配别人。在他们看来，个人的威望、地位和获得对他人的控制、支配权极为重要，甚至超过了工作本身和工作的绩效，这些人是高权力需要者。

合群的需要是社会其他人接受、认可的需要，有些人是高合群需要者，他们渴望良好的人际关系，努力寻求友情，喜欢合作而不像高权力需要者那样渴望竞争。

通过投射测验和广泛的研究,麦克利兰和其合作者提出了一些具有相当可信度的观点。

(1)在能够承担责任、及时获得反馈信息和有适度冒险性的环境中,高成就需要者的激励水平很高。高成就需要者更喜欢创造性的工作,如自己经营公司、独立管理一个组织等,也更容易取得成功。

(2)高成就需要者和优秀的管理者之间没有必然的关系。高成就需要者最关心的是个人如何做好,如何取得成功,而不是利用自己的影响指导、影响下属做好,这一点在企业中很常见。一个高成就需要的人有可能是一位优秀的销售人员,但他却不一定能成为一位能领导一组销售员的优秀的销售经理。反之,一个组织,尤其是大型组织中优秀的总经理并不一定是一位高成就需要者。

(3)优秀的管理者一般是高权力需要和低合群需要者。一个人的职位越高,权力的动机也越强,具备一定权力的职位是高权力动机的刺激因素,而管理有效性的必要条件之一就是高权力动机。另一方面,管理者往往不得不对下属进行必要的控制和惩罚,这使他们得以牺牲良好的人际关系为代价。

(4)通过教育和培训可以激发员工的成就需求,造就高成就需要的人。所以,如果工作性质决定了需要高成就需要者,那么既可以通过招聘寻找高成就需要者,也可以通过成就教育、培训激发下属的成就需要,将他们培养成为工作需要的高成就需要者。

3. 认知评价理论

早期的激励理论者认为内部激励因素和外部激励因素是相互独立的,两者互不影响。这时的激励侧重于内部奖励,以工作本身的乐趣来激励员工。但20世纪60年代末,认知评价理论对此提出了异议,因为当时企业内更多地采用外部奖励的方式,如工资、晋升等,认知评价理论认为这种外部奖励有可能引起动机水平的下降,当企业以外部的报酬去奖励员工的良好绩效时,会减少员工由于从事他所喜欢做的工作而产生的与工作本身相关的内部奖励。例如,某位员工对自己所从事的工作十分感兴趣,并且取得不俗的业绩,这时,如果对他进行外部奖励,给他加工资或者给他升职,反而有可能导致他对任务本身的兴趣的降低。

为什么外部奖励反而减少工作的内部激励呢？认知评价理论的解释是外部奖励的介入使个体失去了对自己行为的控制,以前存在于个体内部的内部激励因此消失了。与此相对应,一旦取消对个体的外部激励,个体会相应地从外部解释转变为内部解释,以说明他之所以从事这项工作,是因为他喜欢,例如,由于工作需要,企业要求每位员工加强学习,多看一些专业书籍,这时你会将每天的学习归纳为外部的压力,但是离开企业后,很多员工依旧会保持学习的良好习惯,这时,你自然将之归结为自己的原因——因为我喜欢学习,所以我学习。

认知评价理论的观点引起了理论界广泛的讨论和研究,并得到大量研究结论的支持,这一理论的重要意义就在于它将影响企业中员工获取报酬、奖励的方式。

假如认知评价理论是有效的,它将对企业的管理实践尤其是薪酬设计产生深远的影响。现在薪酬设计的一个基本原则就是薪酬必须与个人的工作绩效挂钩,随个人工作的好坏而增加、减少,只有这样,工资等外部报酬才能对员工产生激励作用。但根据认知评价理论,这一原则只能导致员工对从事该项工作所产生的内部满意度的降低,以外部激励因素代替内部激励因素。如果认知评价理论的观点是正确的,那么,为了防止内部激励的降低,个人的薪酬不能随工作绩效的变化而变化。

事实上,除了管理职位和专业职位,由于很大一部分工作尤其是低层次的工作并不是十分令人满意的,这些工作很难提供很高的内部奖励,因此,认知评价理论的应用性是有限的,它比较适用于那些既不十分单调也不十分有趣的组织工作。

4. 目标设置理论

有许多企业管理者在对下级布置任务时,往往会说"尽你最大的努力去做""尽快完成"等,那么,什么是"最大的努力"？什么叫"快"呢？这些管理者留给下属的是一些模糊不清的目标。如果在布置任务时,管理者提出一些明确的目标,如"达到85%的优秀率""在三天内必须完成"等,是否会取得更好的效果呢？

目标设置理论给了我们肯定的回答。20世纪60年代末,爱德温·洛克提出了目标设置理论的基本模式,如下图所示:

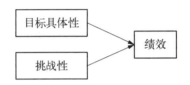

在这一模式中,洛克说明,工作的绩效主要是由目标的具体性和目标的挑战性形成的,目标告诉员工需要做什么,以及实现目标的难度、要付出的努力,目标的价值就在于它是工作激励的主要来源。

目标设置理论研究了目标的具体性、挑战性和绩效反馈的作用。

(1) 具体、明确的目标能提高工作的绩效,目标的具体性也是内部激励因素的一种。

(2) 有适当难度的目标会对员工的能力形成一定的挑战,引起其成就感,这将比容易的目标带来更高的绩效。一旦员工接受了困难的任务,他必然会投入更多的时间、精力,付出更多的努力,这对任务的完成是有利的。

(3) 在工作中,针对目标的反馈比无反馈具有更高的绩效,反馈可以使人们明确自己的行为和目标之间的差距,从而起到修正、引导行为的作用。但有一点要明确,不是所有的反馈都是有效的,员工控制自己进度的自我反馈比外部反馈更有效。

在现代的管理理论和实践中,很多人提出参与或管理,其中有一条就是要使员工自身参与目标的制定,这一措施是否比上级制定目标更有效?员工是否会更努力地工作呢?目标设置理论表明答案是不确定的。在某些情况下,员工参与目标设置后工作绩效更高,而在另外一些情况下,上级制定目标的方式带来的工作绩效则高于员工参与目标设置,两者并无优劣之分。

员工本身参与目标的制定可以提高目标本身的被接受程度。如果员工参与自身工作目标的设置,那么由于这一目标是自己参与做出的,员工本身的投入程度很大,如果这一目标完成的困难程度较高,员工更容易接受并为之努力。

对此,目标设置理论的结论是:在目标的可接受程度一定的情况下,员工参与制定目标和上级制定的目标说不上孰优孰劣,但员工参与目标设置确实增加了目标的可接受程度,使员工更容易接受较为困难的目标,并付出更多努力实现目标。

目标设置理论是否普遍适用,明确困难的目标是否必定可以带来更高的绩效?目标设置理论认为也是不一定的,因为除了反馈外,目标的承诺、自我效能感和民族文化也在一定程度上影响着目标和绩效的关系。

目标承诺是目标设置理论的前提,在这一前提下,每位员工必须忠于目标,不降低、放弃既定的目标。如果目标是在公开的情况下确定的,或者目标是员工自己参与设置的,个人是内部控制点时,工作的绩效就更高。

自我效能感是员工对完成某项工作的自信心。自我效能感越强,完成任务的自信心也越强,这种类型的员工面对挑战会更加努力,即使面对消极的反馈也能泰然处之、坚持到底,因而其工作绩效往往较高。如果自我效能感较弱,一旦工作出现了意想不到的困难,便会自我放弃,遇到消极反馈也习惯于降低努力程度,缺少迎难而上的勇气和干劲。

目标设置理论还受到文化的限制。这一理论适用于北美的文化。在这种文化下,员工具有相当的独立性,喜欢具有挑战性的工作和目标,并重视工作的绩效。因此,目标设置理论在美国、加拿大等国是有效的,但在葡萄牙、智利等国,则往往难以取得理想的效果。

5. 强化理论

目标设置理论是一种认知观点,它认为人的目标会指引他的行为。而强化理论提出的观点恰恰与目标设置理论是相对的,它认为强化可以塑造一个人的行为,因而是一种行为主义观点。它认为环境引起人的行为,所以人的内部认知活动对人的行为无足轻重,如果能以外部强化控制人的行为,并能在行为的结果之后再跟随一个反应,则人的行为重复的可能性将大大增加。

强化确实会对人的行为产生重大影响,但绝不是唯一的影响因素。尽管强化作为一种激励方式在企业中得到了广泛应用,但强化理论远没有成为一种完善的理论。因为强调外部强化对行为的影响,仅仅关注采取一定行为会产生什么后果,而忽视了人的内部状态,没有考虑人的情感、态度、期望和其他内部因素对人的行为的巨大影响,没有考虑引发人的行为的因素。

我们将强化归入激励理论,主要是考虑到它确实在控制人的行为的因素方面为我们提供了一种有力的分析工具。

6. 期望理论

激励理论有内容型激励理论和过程型激励理论之分,需求层次论、双因素理论、ERG 理论、成就需要理论都属于前者。由于工作激励的复杂性,在有些情况下,某些激励内容往往并不理想,或者激励力度会随时间减弱、消失。这说明,在研究激励内容的同时,我们也不能忽视激励的过程。1964 年,美国心理学家维克托·弗鲁姆提出了一种著名的过程型激励理论——期望理论。

期望理论认为,某种激励对人的行为的激发力量取决于两个因素——效价和期望值。期望值是采取某种行为可能带来的绩效和满足需要的概率（即目标实现的可能性），而效价是激励目标对个体的价值。具体地说，某种激励对员工行为的推动力，满足员工需要的力量，是效价和期望值两个变量的乘积。如果该激励的结果效价是一个正1到负1的值，对员工而言越是重要，员工认为它价值越高，他就越是向往，这种激励对他也越有意义，效价就越高；反之，如果激励可能引起的结果对员工价值不大，对他而言无足轻重，那么效价接近于0。如果结果是员工所不愿见到的，则效价可能是负值。而期望值则是员工认为根据自身努力可以实现目标的可能性大小，期望值一般可以用概率表示，其值在0到1间。

激励目标对员工的效价越大，实现的可能性越大，其对员工的激发力量相应地也越大，两个因素缺一不可。即使激励目标对员工而言效价很高，但如果目标难度很大，基本上很难实现，或者说实现的概率很大，但效价却很小，那么激发力量也就相当有限，甚至可能为零。这说明，即使激励的目标如何吸引人，也有可能"无人问津"。至于"适得其反"的激励目标，则往往是由于它的结果可能是被激励者所不愿意看到的，这时效价为负。

在期望理论中，弗鲁姆将激发力量看作一个动态的变量。他认为，作为设定目标的需要，只有员工内心渴望达成既定的目标时，才可能引起他的行为。这种激发的力量越大，所引起的人的行为也越有力、越积极；中等力量不能激发员工积极性，只能维持正常的行为；而很小的激发力量则效果很小，往往难以维持一般的行为。

根据期望理论的观点，尽管某些奖酬对员工具有很大的吸引力，但如果员工对通过努力能否实现目标毫无把握，他对这种奖酬就不会有很大兴趣。而某些员工由于能力很强，要达到目标轻而易举，那么这种奖酬的激发力量也是有限的，因为对于抱负很高的人而言，这种奖酬由于来得太过容易反而降低了其效价水平。所以，我们要根据不同的员工设置不同的激励目标。激发员工积极性的激励目标,应当是有一定难度,富有挑战性,别人可能感觉无力完成,但自己经过努力估计可以完成的。这样的目标对员工而言,效价和期望值都较大,引发的激发力量也较大。

期望理论还提供了一些提高期望值的措施：设置具体可行的目标,培训员工提高能力、创造有利条件、减少完成任务的阻力,以充分的信息反馈调整员工的行为,设置阶段性目标,等等。

7. 归因理论

归因理论的创立者维纳将成功与失败的原因归结为以下几点,从而对麦克利兰的成就需要理论进行了扩充。

(1) 人的自身能力;

(2) 人的努力程度;

(3) 完成工作的难度;

(4) 运气。

其中第一、第二个条件存在于人的内部,是内部因素,而第三、第四个条件属于外部因素。高成就需要的人注重内部因素,他们将成功、失败归因于自己付出努力的多少,即使失败,他们也坚信只要付出更多的努力、尽力去做,最终仍将取得成功,他们对自己的能力深信不疑。而低成就需要者则恰恰相反,他们认为成功主要取决于外部因素,如工作的难度、运气好等,而与个人努力无关,他们不会将失败归因于自己的能力不足。

这和成就需要理论是一致的,另外,归因理论认为一个人成就的获得与他对过去成功和失败的归因有很大关系,如果他将成败归因于自身努力,那么,以后的努力程度将不断提高,如果将成败归因为能力低、任务难、运气差等,那么以后在工作中一旦遇到挫折,就很可能怨天尤人,降低自身的努力。

维纳认为,对高成就需要者和低成就需要者,如果要鼓励他们去完成某项工作,所采用的方法也是不一样的。和麦克利兰一样,维纳也认为教育可以造就高成就需要者,重点在于改造人们的认知标准,让他们相信,努力和不努力效果完全两样。在归因理论中,维纳提出了卓有成效的成就激励培训的四个步骤:

(1) 告诉学员怎样像高成就需要者一样思想、谈话、行动;

(2) 激励学员自己设置恰当的工作目标,这一目标应该较高但通过努力可以实现;

(3) 提供学员他们自身的信息;

(4) 在共同的学习中创造一种团队精神。

8. 公平理论

在受到奖酬后,员工是否一定会获得满足,在工作中表现得更加积极呢?根据一般激励理论的观点,这是比较合理的结果,但美国心理学家斯塔西·亚当斯对此做出了否定的回答,在1963年提出的公平理论中,他对此做出了专门的论述。

公平理论表明,公平是激励和员工满足感之间一个极为重要的因素。员工往往会把自己在工作中的付出和所得如工资、地位等与其他人比较,如果自己的付出和所得之间的比率与其他人相等或相差不大,那么员工会感到公平。而这种公平是极为重要的,一旦员工发现这一比率和其他人不相等,其内心就会产生一种公平紧张。紧张是产生动机的重要因素,这将促使员工采取行动改变这种不公平状态。

斯塔西提出了公平理论的基本公式,即:

自己在工作中的收入(产出)÷自身在工作中的投入＝其他人在工作中的收入(产出)÷其他人对工作的投入

有的员工尤其是高层次员工,由于掌握了较多的外部信息,因而采用的参照物往往是其他组织中的人或者群体。

公平理论认为,一旦员工感到不公平,可能会采取这种行动来消

除这种不公平引起的心理紧张,重新获得公平。为此,他可以采取以下选择:

(1) 改变自己的投入。

当感觉自己的产出比其他人多而引起不公平时,员工可以增加自己对工作的投入,如更加努力工作、主动加班等;反之,如果员工认为自己的产出比其他人小,往往采取消极的方式减少对工作的投入程度,工作不再像以前那样努力、认真。

(2) 改变自己的产出。

在不公平状态出现时,如果投入很难改变,员工可以要求改变自己的报酬水平。如计件工资制的企业中的员工可能会提高产量来增加自己的收入,但这往往是以降低质量为代价的。

(3) 改变自我认知标准。

认知标准的改变也可能消除不公平感。例如,某位员工感到他的报酬高于其他同事,他可以调整认知标准,原来我与其他人干得一样多,现在我发现我比他们更努力。

(4) 改变对他人的看法。

这与改变自我认知标准的作用方向正好相反。当自己的报酬比其他人高时,员工有可能将之归结为:原来他工作不像我以前认为的那么努力啊!

(5) 改变参照物。

当同某一参照物比较时,有可能有不公平感,但如果换一个比较对象,不公平也许就随之消失了,我们常说的"比上不足,比下有余"就是这个道理。

实际上,在大多数情况下,报酬过高带来的不公平虽然会造成员工一定的紧张,但其对行为的影响很小,与低报酬引起的不公平相比,员工更能适应这种不公平并进行自我合理化。另外,不是每一位员工都对公平十分敏感,公平理论不适用于任何人。在企业中,确实有一部分人员认为自己的水平应该低于其他参照对象。

最后,公平理论指出:除了工资、奖金外,员工还可以以其他形式找到公平感,为什么有的人宁愿放弃收入较高的工作呢?有证据显示,工作的社会地位,受关注程度,宽敞、装饰豪华的办公室,一定的权力都可以在相当程度上增加员工的产出水平。

在这一节中,我们介绍了西方许多派别的激励理论,虽然有些理论好像使事情变得更加复杂,但我们可以说,它们相互之间并不矛盾,许多理论在某些领域中的观点对于我们的激励工作有着相当大的指导意义,我们不能为了追求简单而武断地认为某种理论是有效的而其他的理论不对。实际上,一个理论的有效性不会自动地使其他理论失去有效性,部门之间是相互补充,而不是相互排斥的。我们应该注意将它们联系起来,正确理解他们之间的关系,以指导我们实践中的激励工作。

鞠门学派基础哲学：
二元相对平衡管理哲学

第十八章

18

鞠门学派是以心理学为主线,贯穿个体身心健康管理、家庭管理、组织管理、社会公共管理四个方面的有机统一的学术体系,共涉及领导心理学、沟通心理学、营销管理心理学、战略学、控制心理学、消费心理学、人才心理学、创新心理学、心理学视角的绩效管理、谈判心理学、婚姻心理学、亲子教育心理学、网瘾戒除心理学、房树人图画潜意识分析、文字潜意识分析、肢体语言潜意识心理分析、心理量表测量学、催眠心理学、情绪管理心理学、慢性病的心理分析、心理疾病分析、心理问题是如何变成生理疾病的、催眠减肥心理学、烟瘾酒瘾赌瘾戒除心理学、癌症心理干预、鞠门学派自我催眠、鞠门视角的诸子百家、心理学视角的经济学、社会公共管理心理学、鞠门学派哲学等三十多门课。它们有共同的哲学基础,其中包括二元相对平衡哲学,对管理尤其有指导意义,已经由复旦大学出版社作为专著出版。为使学习领导心理学的读者思维更加系统深刻,特把《和谐管理本质、原理、方法:二元相对平衡哲学》的第一章附在本书后面。如需全面学习二元相对平衡哲学,则要另花时间仔细去研读二元相对平衡哲学或者学习相关课程。当然课程的学习比看书学习效果会更好,但最低限度要掌握鞠门学派哲学的基本概念,才能对领导心理学有更深刻的理解。

1. 领导者的疑问

我们都说要建立"和谐社会",那建立"和谐社会"的方法是什么呢?

为什么许多西方国家的政府首脑和高官走马灯似地轮换,社会生活却运作如常?

为什么市场经济高度发达的西方国家会有那么多人相信宗教?

社会贫富差距拉大会导致社会不稳定,差距过小又动力不足,怎么办?

为什么在某些地方华而不实甚至祸国殃民的"形象工程"屡屡上马？为什么如此错误的决策可以大行其道、畅通无阻？

为什么自然科学技术在明、清两代没有发展起来？

为什么中国古代的封建王朝要设立专门"唱反调"的谏官？

为什么各个朝代的后期官员素质总是不如前期？

为什么有朝代更替？它内在的原因是什么？

为什么很多朝代会有潜规则？它起什么样的作用？

为什么企业中强调利益机制会形成斤斤计较、钻制度空子、物欲横流的不良风气，而不用利益刺激似乎又不行？出路在哪里？

为什么员工跳槽频繁的私营企业反而比人员稳定的国有企业有更旺盛的生命力？

为什么许多国有企业的规章制度异常完善，却难逃破产的厄运？

为什么内部分歧较多的企业反而能够具有旺盛的生命力？难道意见分歧更有利于企业发展吗？

为什么欧美企业和日本企业薪酬制度中也会有"大锅饭"的成分？人们不是通常认为"大锅饭"的成分越少越好吗？

2. 几个亲身体会

（1）笔者曾经担任过一家公司的总经理，由于笔者极其善于设计以绩效管理为核心的激励机制，故在公司实施了系统、丰富、细致的考核制度，以利益机制刺激为纽带，极大地调动了员工的积极性，但随之而来的弊端也十分严重。该公司的组织文化开始变坏，员工变得斤斤计较，一切向钱看的思想泛滥成灾。比如，一位车间主任前来告状：台风刮倒车间围墙，车间主任购买一车红砖补墙，红砖运到车间附近，主任叫员工出去搬砖。若在过去，必政令畅通，但考核制度强化后，人心变了，员工纷纷嚷嚷，这项搬砖的工作在年初的工作任务描述中没有提及，并问主任，这项工作如何算钱？搬一块砖多少钱？如何计入考核？车间主任惊得目瞪口呆，感叹人心不古、江河日下。笔者听完主任告状,震动很大,方知利益机制单项突进不妥,赶紧强化员工思想工作,随着反对斤斤计较的思想教育工作的展开,其他组织文化建设走上正轨,利益机制单项突进的弊端才被平衡掉。

(2)在中国人的观念里,企业员工稳定、主动跳槽的概率低是好事。不过笔者观察到一种相反的现象:许多快破产的企业人员流动率是偏低的。这种现象在国有企业居多。而许多人员流动率高的企业,企业却高速发展。这种现象民营企业居多。笔者的一位学生是有7亿元资产的民营企业家,产权百分之百在其夫妻名下,企业是高科技企业,还承担国家863项目。我们应该认定这家公司是很成功的。其公司人事上的特点是:总经理、部分副总经理、部分中层干部如走马灯式地高速流动,你来我往,眼花缭乱。总经理长则两年、短则半年便被辞退或主动请辞,企业却从白手起家越来越大。但公司另一部分副总经理、中层干部的岗位多年从未换人,有三位副总经理和一位副总工程师已跟随19年,中层干部也有部分人跟随他工作十几年。这两类人的人格特质截然相反。流动性人员的特质是开拓性强、创新性强、学历偏高,教授、博士也不少,而且几乎全是从外部招聘而来;而稳定性人员都是稳重有余、创新不足、学历偏低,而且多半是内部提拔。该董事长似乎对两类人格特质相反的人都有所偏爱。

实践证明,他的管理方法是正确的。因为从长期而言,企业管理是否好的最终标准是企业净资产能否增大。该企业从零到如此规模,当然证明他的管理方法总体是正确的。笔者曾专门与该学生讨论人事政策,原来他是这样操作的:流动性人员的作用主要是"把企业搞得更好",稳定性人员的作用是"保证企业不坏",所有管理环节都同时配两种人,如果正职是开拓型人员,副职就是稳定性人员,如正职是稳定性人员,则副职就是开拓创新性人员。至于总经理位置是这样操作的:从外部招聘而来的总经理大多是眼界宏阔、能力极强之人,但这类人的特点是成就欲望大,总想跳槽或自己做老板,干不了多久就跳槽,但每来一任总经理就会带来许多新观念、新方法,过去的弊端易于被发现,企业管理就会上一个台阶。另外董事长有个销售副总已跟随他十几年,能力尚好,但不属于出类拔萃的人才。这位销售副总还有一项极其重要的功能是当"代总经理"。每当总经理辞职了,销售副总就当代总经理,新的总经理来了,销售副总退回本职岗位;如此多次反复。所以公司从没因为换总经理而造成重大波动。这样总经理换了无数,企业却越来越大。在企业实践中,常遇到这样的矛盾:能力强的人忠诚度差,忠诚度高的人能力不强,而能力强、忠诚度又高的人是存在的,但可遇而不可求,尤其不会大量遇到这类人充实各级干部位置。因为这实在需要太好太好的运气。另外这位董事长还有这样一条经验:大量使用忠诚度中等、能力中等的人效果最差。因为这既无法保持企业管理走在前列,又无法保持管理稳定,常常两头落空。

(3)谈到管理,多数人想到的便是严密的、大量的、系统的规章制度,似乎规章制度越多越好。这种观点在实践中被证明是错误的。规章制度一方面有规范运作、降低风险的作用,另一方面也有遏制创新、降低效率、促使组织官僚化的作用。另外从哲学上讲,组织的内、外环境处于永不停顿的变化当中,而规章制度是死的东西,从本质上看,规章制度过时是永恒的,只要规章一出台,过了一秒钟就过时了,只不过难以察觉;过了一小时,规章制度过时就多了些;过了一个月,可能就可以察觉到规章制度的过时;过了一年,过时就明显了。因此过于"丰富"的规章制度会充斥大量过时的内容。这些过时的规定由于无法操作又会降低规章制度执行的严肃性,导致应该执行的规章制度不执行,影响组织运作。因此管理中关于规章制度有两项任务:一项是建设规章,一项是消灭规章。笔者在当总经理时,专门设有一位员工负责规章制度,而且设有考核指标,该员工年考核工资＝年考核工资基数×(消灭的规章制度÷年消灭规章定额)。当然有许多规章是修改的,视修改程度不同折算成消灭规章的件数。当然,他提出的消灭规章或修改规定的议案须经一定程序批准,而非由他一人决定。关于规章建设与消灭的关系犹如产科与殡仪馆的关系。试想,若社会光有产科而无殡仪馆将是多么可怕。只有生与死处于动态相对平衡时,组织才会正常运行。

(4) 大多数人认为,多劳多得天经地义,大锅饭当然不好。为便于理解,这里先统一概念:多劳多得的含义为报酬完全与劳动贡献挂钩,大锅饭则指报酬不与劳动贡献挂钩;前者一般表现为薪酬,后者多表现为福利。多劳多得与大锅饭的特质是相反的,那么单纯实施多劳多得效果好吗?许多人的实践证明效果并不好。虽然劳动效率前期会有所上升,但弊端也很大。实践表明这会大大强化员工的"短工意识",员工与企业的关系成了百分之百的一手交钱一手交货的临时工关系或商品关系,组织文化变得毫无人情味,人与人之间的关系是金灿灿、冷冰冰的,人员凝聚力下降,流动增加,劳动效率后期反而下降。而"大锅饭"的效果正好相反:组织文化富有人情味,凝聚力增强,人员流动减少。正确的方法是多劳多得与大锅饭并行。事实上,适度的大锅饭可以平衡多劳多得带来的弊端,满足员工对安全感和人情味的需要。

笔者的重要结论是:管理的每一个重要环节都应有两个性质相反的东西共存,这样的管理是比较协调的。

3. 老祖宗的哲学:阴阳哲学

世界万事万物都由阴、阳两个元素构成,当阴、阳两个元素相对平衡时,事物就能稳定、协调、健康地运行。

强力的、动态的、向上的、亢奋的、开放的、积极的因素称为阳,柔弱的、静态的、向下的、平静的、收敛的、保守的因素称为阴。

《周易·系辞》中很多阴阳关系如天/地、日/月、暑/寒、刚/柔等,其余传统的阴阳关系还有进/退、伸/缩、贵/贱、男/女、君子/小人、有/无、实/虚……古人认为,万事万物分阴阳有必然性,是宇宙的本原本质。

阴阳哲学的其他主要观点有：

（1）阴阳互存。阴、阳都以对方存在为自己存在的更好的前提，所谓"孤阴不生，孤阳不长"。

（2）阴阳可分，以至无穷。世界上任何事物都可分为阴、阳两类，而任何事物中的阴或阳又可进一步分为下一层次的阴、阳两个方面。

（3）阴阳转化。阴或阳到了极高的程度，就向反面转化，所谓物极必反。《素问·阴阳应象大论》曰："重阳必阴，重阴必阳。"

4. 中国阴阳哲学保存的主要阵地：中医

哲学是事物变化发展的根本规律，可以用来指导一切：管理、人生、医学……中国传统文化经过"文化大革命"，精华、糟粕同时星散，唯有中医是保留中国传统文化的顽强阵地。中医治病就是阴阳哲学的运用。中医认为：人体从生到死，处处都是阴、阳两个方面。阴、阳双方只有处于相对平衡状态，才能维持正常的生理活动。《内经》说："阴平阳秘，其神乃至"就是这个意思。如果由于某种原因，阴阳相对平衡关系被破坏，就会因阴阳偏盛或偏衰而发生疾病。治疗的原则是："谨察阴阳所在而调之，以平为期"，诊病时，要查明阴阳偏盛偏衰之所在，然后用药物、针灸、练功、饮食等法使阴阳达到新的平衡，比如，热者寒之，用黄连、柴胡；寒者热之，用附子、干姜等；虚者补之，用人参、当归等；实者泻之，用大黄、枳壳等，都是以阴阳相对平衡为指导的治疗方法。下图以柱形代表阳，细线代表阴，以高度代表阴阳的强度：

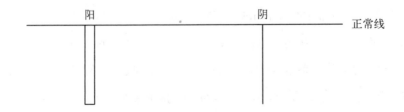

(1) 上图即阴阳相对平衡,身体健康。

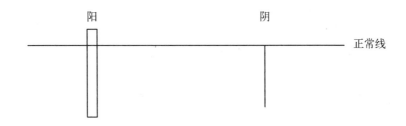

(2) 上图表示阳太盛,出现发热、面红、口干、便秘、尿黄、脉数等症状,俗称"上火",可用清热药,如黄芩、黄连、黄檗、马齿苋、金银花、知母、龙胆草、莲心、荷叶、苦瓜、绿豆等。

(3) 上图阳正常,阴不足。症状有低热、口干、盗汗、舌质红、脉数细,俗称"虚火",与上述实火不同,不能用清热药,而应用滋阴药。故中医之"火"分"实火"与"虚火",用药方向不同,用北沙参、麦冬、石斛、枸杞子、女贞子、旱莲草、龟板。

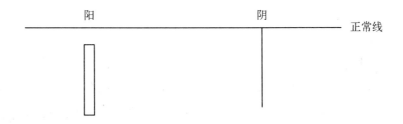

(4) 上图为阳不足,阴正常。阳虚则寒,可见怕冷、手足凉、面白、自汗、舌质淡、脉沉细等,吃"壮阳药",用鹿茸、杜仲、肉苁蓉、菟丝子等。

中医治病,以阴阳哲学为基础,所以中医大学学中医者,要先学阴阳哲学。

5. 企业管理中的阴阳互存

阳	阴
利益机制	思想工作（组织文化建设）
中式头脑风暴会（见第二章）	对抗性决策（见第二章）
放权	控制
开拓性人员（喜欢跳槽）	稳定性人员（喜欢稳定）
多劳多得	大锅饭（福利）
君子	小人
建设规章	消灭规章
生产系统	质控系统
奖	罚
销售部（进钱的）	市场部（花钱做宣传）
硬性计划	柔性计划
强制协调	自愿协调
事前控制	事后控制
上级能力	下级能力
给员工压力	给员工放松
公司所有者	工会

一个组织，一味依靠利益机制来调动人的积极性，就会培养出斤斤计较、本位主义、短期眼光等不良风气，严重阻碍组织目标的实现，所以要靠组织文化建设即思想工作来平衡利益机制建设的弊端。由于利益机制是强烈的、思想工作是轻柔的，故前者为阳、后者为阴。

关于中式头脑风暴会和对抗式决策，内容非常复杂，在第二章有详细的解释。

放权是一个组织发展壮大所必需的，但是没有监督的放权是可怕的,因为这会导致权力的滥用,所以必须通过控制系统的建设来平衡放权的弊端,控制系统越是有效,则放权程度可以越大。

在一个企业,开拓性人员和稳定性人员要并用,前者的作用在于把事情做好,但是他们的弊端是跳槽倾向大,后者的作用在于防止事情做坏,他们主要是保持开拓性人员不断跳槽情况下企业的稳定性和连续性。

一个企业当然要以多劳多得为主导思想,但是假定所有的工资都是多劳多得则会培养出强烈的短工意识,人员凝聚力会非常差,大家会有强烈的拿一分钱干一份活的思想,人员跳槽率会非常高。比如销售人员没有固定工资,全部靠业务提成过日子,那么人员流动率就会很高,而且很难指挥;福利是不与劳动贡献挂钩的收入,它的作用在于建设大家庭的组织文化,提高凝聚力,降低人员流动率。所以大锅饭与多劳多得都是必不可少的。

一个组织当然需要很多的谦谦君子,但是谦谦君子太多,组织就没有活力,适当地养些小人可以激发组织活力,使组织处于一定的紧张状态。而且任何一个组织都有一些需要小人去干的事,这些工作是君子干不了的。

一个组织的规章制度必须处在建设规章与消灭规章的动态平衡中。规章制度太多就会产生许多无法执行的规章制度,形成突破规章制度反而有好处的舆论,而影响应该执行的规章制度的严肃性,导致整个规章制度逐渐走向崩溃。

生产系统和质控系统是阴阳关系,前者为阳,后者是收敛的,故为阴。生产系统离开了质控系统就不能很好地运作,质控系统离开了生产系统就失去了存在的意义。

奖的作用在于鼓励好行为再现,罚的作用在于抑制坏行为再现,而好行为与坏行为的成长规律是:好行为不鼓励不会成长,坏行为不用鼓励会自动成长,这就是所谓"学坏容易学好难"。所以,光有奖则好行为得到了鼓励，坏行为同时成长；光有罚则坏行为被压下去，而好行为不会成长。光是奖或光是罚都是不对的，应该奖罚并行。由于奖有升腾的作用，所以为阳；由于罚有收敛的作用，所以为阴。

销售部是卖产品的，它的直接表现形式是钱进了公司，市场部是做广告宣传企划的，它的直接表现形式是花钱，但是只有两者互相配合，才会进更多的钱。

硬性计划与柔性计划要互相配合，效果才会更好。

强制协调与自愿协调要并行才能真正做好组织的协调，其中的详细解释要看专门的章节。

事前控制是主要的、效果更大，事后控制是辅助的，前者为阳、后者为阴。

上级能力对公司影响是巨大的，故为阳，下级能力是配合的，故为阴。光有上级能力，下面执行力差，是无法实现组织目标的。光有下级能力，上级能力很差，肯定也是不行的。要两者配合，才能做好工作。

在管理中，对下级施加压力是不可避免的，但在不断给下级施压的同时，要注意给下级机会释放压力，作者就经常采取给下级释放压力的措施，比如召开"给总经理提意见会"。开会时强调每人必须提一条，即便是"瞎编"也要编一条。由于给了员工"瞎编"的理由，也就解脱了员工得罪领导的顾虑，这样他们的压力也得到了释放。当然释放压力的办法还有很多，这里不一一列举。

所有者及代表所有者的管理层与工会也是一对阴阳关系。有的公司反对建立工会，这种观点是不对的。因为有了工会，员工的牢骚与不满就有了宣泄的渠道，员工的不满就可以通过工会逐渐释放，避免"大地震"。如果没有工会，就有可能所有者与员工沟通不畅，牢骚不满逐渐积累，最后如山洪般爆发，比如罢工之类的。

总之，在企业管理的重要环节都要做到有两个特性相反的东西共存，即要阴阳共存，企业管理才能搞好。

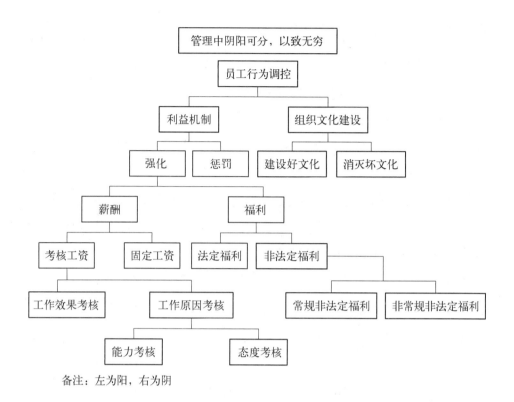

备注：左为阳，右为阴

为便于理解，对上图做些解释。

人的行为无非受两个因素调控：一是利益，人都有趋利避害的特性；二是思想，只要思想认为应该这样做，即便是有害无利也会这样做。比如军队中的士兵，"军人以服从为天职"的观念深入士兵心灵深处，故一声令下，士兵即便冒着枪林弹雨也会向前冲锋。此事当然不会对士兵有利，所以调控人的行为不能光用利益机制或光用思想工作（又称组织文化建设），应两项对进。光用利益机制会导致员工欲望泛滥、斤斤计较、目光短浅。另外利益机制是通过规章制度去实现的，而规章制度是永远存在漏洞的，只要员工专心去钻漏洞，必然可以找到漏洞。关键是通过思想工作，使其不想钻漏洞。当然光实施组织文化建设又显空洞，故组织文化建设必须伴随利益机制建设同时实施方可平衡掉光实施利益机制刺激带来的弊端。其中利益机制是强力活跃的，为阳性因素；思想工作则是柔弱收敛的，为阴性因素。

组织文化建设的重要性已被部分企业家所认识,但许多企业在进行组织文化建设后,发现企业工作氛围和风气有所改善,但仍旧很不理想。造成这种状况的原因很多,其中一个常见原因是只重视建设好思想,没有同时着力去消灭坏思想,结果好思想因受到鼓励在增长,坏思想由于没受到打压仍有相当市场。比如笔者在当领导时,建设的组织文化中有一条是勇于负责。勇于负责的对立面有干部做"老好人"、互相扯皮,建设勇于负责的文化当然会使勇于负责的气氛浓厚,干部做"老好人"、相互扯皮有所减少,但更为完善的对策是同时直接打压干部"做老好人"和相互扯皮现象。笔者的惯例是在年初的时候常会对各位中层干部庄严宣告:到年底要员工对所有干部进行满意度评价,凡员工对其满意度太低,说明该干部缺乏威信,视情况严重程度分别给予谈话劝诫、少发年终奖、撤职查办等惩罚;凡员工对其满意度太高的干部,他在笔者心目中将建立"老好人"的"光辉形象",视情节严重程度同样给予谈话劝诫、少发年终奖、撤职查办等处罚。因为直接管理必然意味着"压迫",不可能人人满意、皆大欢喜,所以直属员工满意度太高,只能说明他是在做"老好人"。当然间接员工对领导满意度高是好事,比如,车间员工对总经理满意度极高说明该总经理领导有方。若车间员工对车间主任满意度极高,说明该车间主任没有原则,是"老好人",车间太大、人数太多的例外。故在笔者管理的组织,中层干部都明白员工对其满意度不可太高,又不可太低。"老好人"现象大多收敛,这便说明组织文化建设须正反对进。其中,建设好文化是张扬开放因素,是阳性因素;消灭坏文化是内向收敛因素,是阴性因素。这就是在组织文化这个阴性因素下面分第二层阴阳。

福利按其内部的特性又可分为法定福利和非法定福利。法定福利即各类社会保险,非法定福利则如中秋发月饼、过年发年货、年终聚餐等。法定福利为阳,非法定福利为阴。阴阳相对平衡共存,效果最佳。如果进一步划分阴阳,则非法定福利又可分为常规非法定福利和非常规非法定福利。前者为下一层面之阳,后者为下一层面之阴。常规非法定福利如前述中秋发月饼、年终聚餐等,非常规非法定福利如恋爱津贴。笔者本人就曾在某年五一过节发放过恋爱津贴。凡年轻谈恋爱的未婚之人均可申请恋爱小额津贴。获津贴者无不喜笑颜开。为什么福利要如此复杂?一言以蔽之,人的本性需求使然。人天生需要安全感、人情味。领导与企业存在的义务与责任就是满足人的需求。对外尽力满足客户需求,对内尽力满足员工需求。而人的需求绝非仅物质层面,精神层面的需求也是极其需要的。虽然满足这些需求可能会占用组织许多资源与精力,但领导需用宽广心胸去承担这些义务。

薪酬的下一层面可分为阳性的考核工资和阴性的固定工资。考核工资根据绩效确定,固定工资则包括基本工资、工龄工资、职称工资、学历工资、岗位工资等与当前工作好坏没有明显关系的工资(当然不是从短期而是从长期的角度而言,固定工资也是与工作好坏有关的)。如果全部实现考核工资而无固定工资,最大的缺点是没有安全感,在人才市场上无法招到优秀的人才;而全部实施固定工资,弊端也显而易见——培养懒人。如果在考核工资中再分阴阳,则以工作效果或工作贡献为指标的考核具有阳性特质,如销售提成、计件工资等;以影响形成工作效果的原因为考核指标的考核称为阴性因素。一般而言,工作效果=工作能力×工作态度。如果把工作原因再分阴阳,则工作能力为阳性因素,工作态度为阴性因素。如果有兴趣,可以无限分阴阳。

当然阴阳无限可分的分法不是唯一的。因为阴阳划分的方法随目的而变,也就是说,同一件事情目的不同,划分的阴阳也不同。划分的层次取决于需要多大程度上完善管理,划分的准确性决定于划分者的悟性和理解能力。所以这里要特别提醒,在实际管理中无须把所有层面的阴阳都平衡起来。按照中医的理念:病急则治标,病缓则治本,总体上标本兼治。因此总的原则是:事急则先平衡影响面大的失衡的阴阳,事缓则先平衡影响面小的失衡的阴阳。故处理事务有轻重缓急之分,有时有些细小层面的阴阳失衡可置之不理。

6. 管理中的阴阳转换

重阴必阳,重阳必阴,寒极生热,热极生寒。也就是说,阳过盛可以转化为阴,阴过盛可以转化为阳,此为物极必反,另外阴阳不平衡到了极端的程度,也可能阴阳解体,这一层次的阴阳共同体就消失了,此称为阴阳离决。比如在中医中,人受寒而体温升高,称为阳证,37.2°以上算发烧,38°那阳证就更厉害了,39°、40°、41°……阳证越来越厉害,到后来体温反而会降下来,为什么呢? 因为他死了。这就是重阳必阴。而且阴阳不平衡太极端,导致阴阳分离,也就是说阴阳解体了,所以人死了。又比如,寒风吹来,人脸色会发白,白色主阴,故此为阴证;寒风吹得越厉害,脸色白得越厉害;寒风越来越厉害,脸色反而红扑扑了,而且会变得很丰满,继而转为了阳证。为什么呢? 因为生冻疮了。家庭生活也是如此,本科生和大专生结婚,阴阳还算是相对平衡,如果博士生和小学生结婚,感情高涨时可以维持,但社会学调查显示,这种婚姻只有两种前途,一是小学生努力进修变成高中生或者是大专生,此为重阴必阳;二是阴阳离决,也就是离婚,阴阳解体了。

在企业管理当中,也存在着重阴必阳、重阳必阴的现象,或者阴阳极端不平衡导致阴阳解体。比如在企业,建立规章制度太多,就会堆积大量过时又不符合实际的规章制度,使得员工无法遵守,导致整个规章制度的严肃性下降,使得应该遵守的规章制度也不能遵守了,最终导致全体规章失效,以上谓之重阳必阴。

7. 社会管理中的阴阳互存

一个社会的正常运作同样依赖于阴阳两个要素的相对平衡与互存。假如阴阳两个方面缺了一项或者过于偏盛,则必然会出现这样或那样的问题。

阳	阴
刺激欲望（市场经济机制）	抑制欲望（宗教或思想教育）
民主权利	民主职能
接受外来思想	弘扬传统文化
法治	德治
特区	非特区
拉开收入差距	提升公民最低生活水平
阳性人才选拔制度	阴性人才选拔制度
市场经济	国家干预经济（计划经济）
地方首长对上型考核	地方首长对下型考核
民营经济	国有经济
部分人计划生育	部分人放开生育
城市	农村
招商引资	驱除劣资
西方政府负责人竞选获官	西方政府各部门的论资排辈公务员制度
增加个人选择	减少社会禁忌
生产法规	消灭过时法规

市场经济的特点是以利益机制为手段调动人的积极性，使每个人都力图通过满足他人的需求获取社会的认可。市场经济会高度刺激人的欲望，并促使欲望膨胀。若只发展市场经济，必定人欲横流、社会秩序混乱。承认欲望合理性至极端，那么抢银行就合理了。故必以抑制人欲的体系与市场经济机制相配合，方可使社会正常有序发展。欧美社会市场经济发达，但社会秩序尚好，宗教起了很大的作用。因为大多数宗教都是强调抑制人的欲望的。宗教的存在相当程度上抵消了市场经济机制带来的人欲泛滥的负面作用。

欧美诸国，政府首脑与各部部长大臣均是竞选获官，但各部部长大臣以下，却是公务员制度：论资排辈逐步升迁。按照韦伯的观点，如果政府首脑、各部大臣是从官僚机构中逐步提拔升迁的，必选择出八面玲珑、个性磨平的官僚，稳重有余而开拓不足。竞选获官之人必开拓性强，创新能力强，但是若政府各部内部的所有职员均是一朝天子一朝臣，人员高速流动，那么政策连续性和政局的稳定性必然极差。故这些人实行公务员制度，轻易不能开除。升迁主要是论资排辈、缓慢升迁，这样既保持了政府的开拓性、创新性，又保持了政局的相对稳定性。

中国改革开放创造了一段时间的经济奇迹，与俄罗斯导致社会大动荡的"休克"疗法不同，其特点是稳定。这是什么原因导致的呢？细察中国改革开放的历史，就是一部二元相对平衡的历史。当时领袖开创特区为阳性因素，在特区实施几乎与非特区相反的机制。二元对进，终于使中国在相对稳定中持续发展。

如果用二元相对平衡的哲学观点审察过去全民计划生育政策，可以发现该政策有待改善。全民计划生育的弊端是人为地打断了人类自然优化的进程。因为一般而言，社会精英因其抚养能力强，常多生小孩，反之则少生，因而人类在自动进化。过去政策是全民基本一胎，人类自然优化进程打断；同时老龄化社会迅速到来，平均每个劳动力抚养人口迅速增加至承受极限，社会问题迟早必然爆发。所以正确的政策是"管住一片，放开一头"，即基本只生一胎，但社会精英可生多胎，可以实行生育累进税政策，比如生育第二胎，交多少钱，生育第三胎，交更多的钱。或者有一定的学历者奖励若干的生育指标等，这才有利于社会稳定有序发展。否则，大家都生一胎，貌似平等，实际上隐藏着最大的不平等：今人得利，后人倒霉。

关于"民主"已经被许多人奉为最终的价值源泉，是人的天赋权利。但很多人又观察到,在某些社会环境下实施民主可能伴随着大混乱。怎么办?可用二元相对平衡的哲学观念去思考:民主既是权利又是职能。可以先实施职能民主主义,逐步实现民主的职能,最终也就实现了民主的权利。民主的职能有什么?最大的三项职能是:提高决策的准确性、选择开拓性领袖、减少官员腐败。逐步实现民主的各项职能,最终过渡到民主权利的完全实现,这样,既能走向民主,又能避免社会大动荡。

城市与农村也存在着一个二元相对平衡的问题。城市与农村有差距是不可避免的客观存在,但是这个差距不能拉得太大,否则可能导致阴阳离决,形成社会动荡。

各个地方政府首长的考核也分成阴阳两个方面,一个是向上负责的考核,一个是对下负责的考核,两者要阴阳相对平衡。向上负责的考核内容一般是指经济增长率、财政收入增长率等,这种考核指标是促使各地政府首长对上负责的。对下负责的考核是指辖区民众满意度增长率(可以抽样调查形式获得数据)、辖区民众失业率(这里的民众应包括当地没有户口的人,数据也可以抽样调查形式获得)、辖区民众平均工资收入(这里的民众也应包括当地没有户口的人,数据同样也可以抽样调查形式获得)。按照管理的通则,负责获取数据的部门应由中央政府垂直领导,如获取数据的部门受地方政府领导,会影响获取数据的客观性。如果各地首长的考核只有向上负责的考核方式,就会导致很多社会弊端,比如乱卖土地、上形象工程和面子工程、破坏环境、人为制造房产投机等;如果只实施对下负责考核,必然导致短期行为、局部眼光等。

8. 市场营销中的阴阳相对平衡

在市场营销当中,运用阴阳相对平衡的观点指导工作,可使市场营销工作更系统、严密、有效,其中阴阳举例如下:

阳	阴
显性意识营销	潜意识营销
销售部（卖产品进钱）	市场部（宣传花钱）
主打品牌（高价）	应付价格战第二品牌（低价）
扩大客户数量	裁减劣质客户
民用品生产企业中间商销售（保持大的销售量）	民用品生产企业直销（保持市场敏感性）
通用标件产品（价格不高）	特制非标件（价格高）
高开拓性销售员（开创新市场但易跳槽）	稳定性销售员（保持销售系统不垮台）
量化型业绩考核	原因类态度能力考核
财务性促销	形象性促销
……	……

为使大家有初步了解，现做一些解释，详细内容另加专述。

所谓显性意识，就是个体自己知道的意识。显性意识营销，就是以满足客户自己知道的需求为核心进行的营销。所谓潜意识，就是个体自己不知道或难以察觉的意识。潜意识营销，就是以满足客户自己不知道或难以察觉的需求为核心进行的营销。比如，许多女性烤面包，其显性意识是为了把面包烤熟，通过潜意识分析发现，许多女性把烤面包的过程当作生孩子的过程，烤箱当成子宫，所以许多女性非常喜欢烤面包。为了满足女性的潜在需求，如果取烤箱的名字时能够与生育有关，就会使得烤箱的销量更大。又如，很多女性很喜欢吃话梅，但是肥美的话梅却不讨人喜欢，这是因为肥美的话梅有褶皱，在女性的潜意识里把它当作皱纹的体现，所以在做宣传的时候强调话梅有美容作用会使其更讨女性喜欢。

发现潜意识需求的方法有黑灯座谈会、投射法、幼儿法、联想测试等。

就销售系统的组织结构而言,大多数企业应将销售部与市场部分立。销售部的职能是销售产品、回收账款、管理中间商,其主要特征概言之就是进钱。市场部的职能是广告、公共关系、营业推广、市场调查,目的是建立品牌、建立良好企业形象,其重要特征概言之就是花钱。实践证明,用钱特性相反的部门共存,只会使销售工作更容易做,销量更大。

假如民用品企业之间爆发价格战,大多数企业的常规思路是降价应战。但是用阴阳平衡的方法应战效果好的概率最大,即主打品牌不降价,推出第二品牌低价应战,对手降低多少,第二品牌随之降价,这样可以损失最小或利润最大。因为主打品牌一旦降价,就会损失高端客户而且很难价格反弹,故利润损失会很大。企业实践证明,二元相对平衡价格战不失为一种较好的思路。

财务性促销与形象性促销也存在着二元相对平衡的问题。所谓财务性促销,就是以让利为特征的促销,如打折和有奖销售等;所谓形象性促销,就是以提升形象为目的的促销,如培训目标客户、发行内部刊物等。财务性促销的特点是见效快、见效期短、副作用大,会破坏品牌形象,降低品牌价值感;形象性促销的特点是见效期长、见效慢。如果纯粹搞财务性促销,短期有效、长期有害;如果仅搞形象性促销,见效太慢,企业财力可能跟不上。最好的促销方式是财务性促销与形象性促销齐头并进,两者相对平衡。

由于营销在企业管理中十分重要,会有另章专门阐述这个问题。

9. 阴阳二元相对平衡与矛盾论的区别

阴阳二元论与矛盾论有很大的不同,同时也存在着共性。两者的共性之处有:(1)两个理论都承认世界是二元构成的;(2)这二元的特性是相反的;(3)这二元是既互相依存又互相斗争。

但是阴阳论与矛盾论又存在巨大区别。

第一,阴阳论更强调阴阳二元的共存、和谐、统一、互补,认为二元和谐、统一、互补是事物的主要方面。在古代的太极图中,以白色代表阳,黑色代表阴,形状是太极鱼。白鱼和黑鱼是互相扭合在一起的,白鱼进入黑鱼肚,黑鱼进入白鱼肚,同时白鱼有黑眼睛,黑鱼有白眼睛。这个图形的象征含义就是强调双方你中有我、我中有你,双方的关系是和谐共存关系为主;而矛盾论更强调二元的斗争性、对立性,强调二元的对立斗争是事物存在的主要方面。

第二,阴阳二元论与矛盾论的另一个很大的区别是阴阳论对二元的特性做出了规定性,阴阳论明确指出:强力的、动态的、向上的、亢奋的、开放的、积极的因素称为阳,柔弱的、静态的、向下的、平静的、收敛的、保守的因素称为阴。

而矛盾论对二元的特性没有做规定。由于阴阳论对事物二元的特性做出了描述,因此在指导实践时操作性就大大提高了。

第三,阴阳二元论强调二元相对平衡才是"好"的,不平衡是"不好"的。事物完善与发展是不断依照事物发展的目的形成阴阳相对平衡,也就是说,事物发展与完善就是不断向"相对平衡"迈进,方法是不断地补缺或调整二元之间的关系。而矛盾论则认为"不平衡"是"好"的,因为"不平衡"导致了事物的发展,因此为"倾斜欢呼"。就会得出结论:"革命是历史的火车头"。所以,当社会有问题时怎么办?唯一的办法是革命,而不是改革。

第四,阴阳二元哲学认为阴阳二元的构成是由该事物存在的目的或意义决定的,不同的管理目的有不同的二元,而矛盾论认为二元的演化由其内在原因决定,是客观规律的体现,与事物本身的目的与意义无关,世界是内因的展开。由于两者认识不同,就会导致对人的主体性的认识的不同,是人本主义还是非人本主义,就会产生不同的看法。

10. 阴阳二元论与中庸之道的区别

中庸之道也是中国的传统文化之一。中庸是指恰到好处,而不是指中间。人们常常把阴阳二元论与中庸之道混为一谈，但实际上阴阳二元论与中庸之道是完全不同的。中庸之道是在事物的一元上增强或减弱，寻找最恰当的点，而阴阳二元论是阴阳两个元素上增强或减弱寻找最恰当的相对平衡；即阴阳二元论是从两个角度思考，中庸之道是从一个角度看问题。

为便于理解，现举一个真实例子说明。

笔者的一位学生是位大型国有企业总经理，学习阴阳二元论后，以善于运用见长。某一时期该企业人员太多，客观环境需要减员500人，不裁员就会拖垮整个企业，所以裁员是不得已的行为。然而，之前曾经裁员50人，闹得沸反盈天、结群上访、抱团闹事，经过四个多月才由于被裁人员陆续找到工作而平息。其实2003年的中国城市，经济发展飞速，罕有饿死之人，之所以闹事，主要是心理难以适应而非真正没饭吃。此次裁员500人，估计会掀起滔天巨浪，如何更加平稳地裁员是个难题。该学员总经理创造性用二元相对平衡思维指导裁员，一举渡过难关，裁员相当平稳。如从中庸之道出发则会思考：裁400人是否更好？300人是否更好？直至裁100人是否更好？这个最佳点恐怕难以找到。而该学生却是如此操作的：裁员下岗仍旧500人，不过宣布其中100人半年后可以复岗工作，裁员当时并不指定谁有复岗机会，而是根据下岗期间的表现考虑；半年后100人复岗，再另外裁100人，不过宣布其中20人半年后又有复岗机会，同样，机会给予下岗期间表现好的员工；以此类推。同时强化培训，尽力给下岗员工介绍社会上其他工作，这样下岗、上岗有机结合，阴阳二元相对平衡，永远希望在前。果然这一次风平浪静，无人闹事，因为一旦闹事，则复岗机会没了。其实绝大部分人半年后都已找到工作，许多人还不愿意回来。另需说明的是，作者无意评价该总经理此种方案的道德水平，也并不完全赞成这种方法，但他对阴阳二元相对平衡理论的理解，是准确的。由于这个例子便于说明问题，非常典型，便于读者理解，故用之。

只考虑裁人的多少是一元思维,寻求最佳的裁人人数是中庸之道,同时考虑裁人与上岗就是二元思维,寻求裁人与上岗的相对平衡,就是阴阳相对平衡。

11. 阴阳二元论与迷信的区别

阴阳相对二元平衡理论与迷信是没有关系的。很多人谈到阴阳论,就想到了"算命",这是一种莫大的误解!阴阳二元论是一种哲学,是对宇宙运行本质规律的一种看法。阴阳二元论与迷信是没有关系的。它不能用于指导算命、预测未来、判断吉凶。古人的迷信活动披上阴阳哲学的外衣主要是为了提升迷信的形象和说服力,这并不能说明阴阳二元哲学等同于迷信。比如现在有许多人为了证明算命的"科学性"和"现代性",运用电脑进行算命,使算命似乎显得更准确了。但我们不能由此推断用电脑就是迷信活动。同样道理,占卦披上了阴阳论的外衣,不能说阴阳论等于占卦。另外,本书所指的阴阳论和风水没有任何关系。笔者既不懂风水,也不对风水做任何评论。各位读者,请想到阴阳论时多想想中国传统文化的瑰宝——中医,少想想算命,少想想风水,并强烈建议各位读者去读任何一本中医基础理论书,在任何一本中医基础理论书的第一章必然是中国传统的哲学思想——阴阳相对平衡哲学。

12. "相对平衡"而不是"绝对平衡"

关于"阴阳相对平衡"的理解常有一种错误,即把阴阳理解成"阴阳绝对平衡"或"阴阳两个元素力量相等"。

先解释为什么要阴阳两个元素共存。一般而言,为达到管理目的,都会发现采取某种措施是有效果的。但随着这种措施力度的增强,效果越来越大,副作用也越来越大,这种副作用常常干扰或阻碍管理目的的实现。那么减少副作用的措施有两种:一种是减弱该措施的力度,但随着副作用的减少,正面作用也在减少。这种方法就是中庸之道。另一种方法是寻找特性相反的措施来抵消前一种措施的副作用,这就是二元相对平衡。

再来解释"相对平衡"中的"相对"二字的含义。"相对平衡"当然是对"绝对平衡"的排斥,那么"相对"到何种程度才算"相对平衡"呢?这是许多人难以理解之处。一言以蔽之,要相对到基本上可以抵消对立面的副作用就可以了。所以阴阳中可能有强弱,也可能阴阳力量相等,到底最佳状态是什么,取决于可抵消对方副作用的程度是否做到了基本抵消。

所以,亲爱的读者千万要注意:这相对平衡不是指力量完全相等,而是指一方的力量强度正好可以弥补对方的副作用,这是绝对不能搞错的概念。

13. 为什么相对平衡才是"好"的状态?

为什么二元要相对平衡才是好的?这需要从两个方面来回答。

首先,用归纳的方法来回答这个问题。我们已经举了许多例子,可以发现不平衡是不好的。

其次,我们可以用归谬法来证明。"好"是一个相对的概念。如果二元相对平衡比二元相对不平衡更糟,换言之,二元相对不平衡比二元相对平衡更好,势必可以推导出这样的结论:越不平衡越好,而不平衡的极端,就是一方极端"大",接近于无限;另一方极端的"小",接近于"无",那这个世界就是最"好"的了。众所周知,这种状态是不好的。这种状态用两个字来描绘,就是"崩溃",又称为"阴阳离决",中医里的"阴阳离决"就是指"死了"。

14. 管理调整步骤

对各类组织进行诊断,然后开方、治疗(调整),其原则和中医一样,就是"事急治标、事缓治本、总体标本兼治"。所谓治标,即应付急事。急事常常是一些具体的问题,主要是调整一些层次较低的阴阳失衡。比如,员工积极性不高,怨声载道,问题严重,可以先从给予福利入手,可以很快见效。所谓治本,就是从根本进行调整,主要是调整一

些层次较高的阴阳失衡。比如,员工积极性不高,先给予福利仅是治标,应查明主要的阴阳是否失衡了,利益机制与文化建设是否失衡了,决策机制是否出了问题,然后给予调整。但治标与组织问题的紧急状态有关,怨言极大,先给予福利遏制一下怨言,但形成问题的原因没解决,等平静了点,再调整高层阴阳。之所以事急治标、事缓治本是因为治标见效快、治本见效较慢。比如,组织文化建设没有三月半载之功,不会见效,而给予福利,立刻可让员工喜笑颜开。

治标与治本并不是绝对矛盾的,治标的同时也可以治本,治本的同时也可以治标。一般而言,组织管理出了问题,先以治标的手段应付一些事务后,用标本兼治的原则进行管理调整。在管理调整中,最常见的错误之一是:只是治标而忘了治本。

15. 阴阳随管理目的而分

在管理中的阴阳划分,是随目的而分,也随目的而转。同一事物,在此目的中为阳,如果管理目的相反,它可能转化为阴。比如目的是控制人口增加,则计划生育为阳,放开生育为阴;如目的是增大人口总量,则阴阳反转,放开甚至奖励生育为阳,控制生育为阴。可能有人质问,如目的是人口增长,则为何要控制生育?答案是控制遗传疾病者生育、提高人口质量。有人进而要问,那目的如何定?目的由上一层次目的而定。又有人问,管理终极目的如何产生,这是另一个哲学问题,本书不作回答,因为这又是一篇长篇大论,笔者准备在另外一本书中回答这个极其复杂、本质的问题。当然这也是一个很有意义的理论问题。

16. 阴阳同层次同范畴

阴阳在同一层次可成立,是就同一范畴而言的。例如,白天为阳,晚上为阴。同是白天,上午为阳,下午则为阴,但上午和晚上不能随意确立阴阳关系。又如,在社会管理中,刺激提升欲望为阳(比如市场经济),收缩欲望为阴(比如宗教)。欲达和谐社会之目的,必须让提升欲望与收缩欲望处于相对平衡状态,这两者为阴阳关系。但是不同范畴的内容不能构成阴阳关系。比如白天与宗教就不是阴阳关系，它们处于不同的范畴。

某事物在某一层次为阳或阴，在另一层次可能相反。如水与火，水为阴，火为阳；而水与冰，则冰为阴中之阴，水又为阴中之阳。因此阴阳具有灵活性，不是一成不变的。另外，不同层次的阴阳不能凑成一对来分析，比如火与冰，貌似是阴阳关系，实际上不对，因为它们间隔了一个层次，所以不是阴阳关系。又如人的行为调控，利益机制建设为阳，组织文化建设或思想工作为阴，而组织文化建设又可分为下一层次的阴阳，建设好文化为阳，消灭坏文化为阴，但是不能把利益机制建设和消灭坏文化凑成一对阴阳；如硬把它们凑成一对，会推理出一些错误的管理措施，因为它们是不同层次的问题。

讨论阴阳问题必须是在同一范畴、同一层次上讨论，如果在不同的层次、不同的范畴讨论阴阳是没有意义的。初学二元相对平衡管理理论的人常会犯一种错误，就是把不同层次、不同范畴的东西列为一对阴阳，进而分析出似是而非的结论。对于初学者而言，如何划分阴阳是有一定难度的。

17. 学习二元相对平衡管理哲学的意义

首先，可以加深对复杂管理现象的理解，可透过事物的现象看到事物的本质，不但知其然，而且知其所以然。学习了二元相对平衡管理理论以后，初学者常有一种感觉，似乎纷繁复杂的现象豁然开朗了，事物变得简单了，这是因为透过事物的现象看到了问题的本质。

其次，可以使管理系统化。加深学习者的系统观念，避免在管理中头痛医头、脚痛医脚的现象。阴阳论是从整体上看问题，强调整体管理。这就如中医与西医的区别：中医强调整体施治，西医则从局部着手。

再次，用二元相对平衡管理哲学去检查管理中的实际问题，很容易发现问题所在，发现二元当中的缺口。这项理论在管理诊断中有较高的实用性。在实际管理诊断中,有一种简单的方法:拿着阴阳平衡表逐项询问被诊断组织的负责人两个问题:这一对阴阳关系具备了吗?它们互相之间的强弱相对平衡了吗?如果阴阳有缺口,在管理中补齐;如果阴阳相对不平衡,则在管理中调整其强弱。这样就很容易发现问题、提出措施。

最后,可以启发思维、激发创新。二元相对平衡管理理论提供了一种新的思维方法,可使人更容易找到解决问题的新方法。阴阳平衡会促使人们考虑问题二元化、多层次化、逆反化,常常可以思索出新的解决问题的方法。

18. 阴阳论的发展史概说

阴阳论是一种宇宙观,产生于公元前8世纪初,是古代先贤试图以自然力量解释我们的世界,它代表了一种科学探索的倾向,它总是与事实打交道,就这一点来说,对现在的世界也是很有现实意义的。阴阳的著作有《易传》和《易传注释》,以及《洪范》和《月令》,阴阳论著名的学者有邹衍,他提出了"五德相始说"。后来阴阳论和儒家合二为一,其代表人物是董仲舒。在董仲舒看来,一年四季的变化是阴阳二气运行的结果。他在《阴阳义》中写道:"天亦有喜怒之气,哀乐之心,与人相符。以类合之,天人一也",这就是天人合一的起源。这种天人合一学说严重约束了古代皇帝的行为,并且对中医的治疗尤其是针灸产生了重大影响。公元1017~1073年,出现了一本著名的阴阳论与儒家结合的书,书名叫《太极图说》,书中写道:"无极生太极,太极动而生阳,动极而静,静而生阴。静极复动。一动一静,互为其根;分阴分阳,两仪立焉";"阳变阴合,而生水、火、木、金、土;五气顺布,四时生焉";"五行,一阴阳也;阴阳,一太极也。太极,本无极也。五行之生也,各一其性";"无极之真,二五之精,妙合而凝。'乾道成男,坤道成女。'二气交感,化生万物。万物生生而变化无穷焉"。同期还有一个叫邵雍的人,也从《易经》发展出了宇宙论,并用图解说明他的原理。

另外一位儒家和阴阳论合二为一的大学者是张载,特别强调"气"这个概念,这个"气"的观念在后来更新了的儒家的宇宙论且在形而上学思想里,越来越居于重要的地位。他的主要著作是《正蒙》。《正蒙》中的《西铭》特别著名。后来还有些学者对阴阳论又有一些新的发展,同时也衍生出一些糟粕,如风水、算命等迷信活动。幸亏中国还有一大帮老中医,顽强坚守中国传统文化,才把这一线学问勉强地保留下来。

19. 二元相对平衡的社会就是和谐社会

人们追求和谐社会与和谐管理,但可能并不清楚达到和谐社会与和谐管理的方法。实际上,和谐社会与和谐管理的本质就是二元相对平衡。在向二元相对平衡迈进的过程当中,就是不断地建设和谐组织的过程。社会的阴阳二元相对平衡了,社会就和谐了。

对于和谐社会,人们有两种主要的误区:一是认为稳定社会就是和谐社会。实际上,稳定社会可能并不和谐。因为用强力把问题掩盖住,或用技巧把问题后延,也可能导致稳定。但这样的社会仍旧是不和谐的,问题是迟早要爆发的。二是认为大同社会就是和谐社会。这里的大同是指大家一样的意思。但是大同社会是极不和谐的社会。比如,在计划经济的年代实施平均主义、大锅饭的政策,大家的收入确实是差不多了,但是国民经济停滞了,大家缺吃少穿,这谈不上是和谐社会。再举个极端的例子,假定这个社会人种也大同了,没有男女之分,也即没有阴阳之分了,只有男人或只有女人,恐怕这个社会也不和谐了。

社会的阴阳全面平衡了,才是和谐社会。

20. 还未回答的问题

在本书中,有下列问题还未回答,在此做出解释:

首先,世界为什么是二元的?

关于世界为什么是二元的,这是大量事实观察的结果。中国人对世界是二元的这个观念是普遍接受的。这是因为矛盾论宣传的结果。

阴阳论和矛盾论都共同承认世界是二元的,如需看这方面的详细论述,可以任找一本唯物辩证法书籍研究。学者的任务在于发现新的东西,旧有的东西请读者参考其他书籍。

第二,管理中二元划分取决于目的,目的是由什么决定的?

关于这个问题,大概要准备十余万字来论述。如果把这个问题放入本书解决,会产生本末倒置的效果。本书的任务是告诉二元相对平衡管理哲学是什么,如何运用二元相对平衡管理哲学。管理的目的如何决定?作者会随后几年内在另一本书中做出详细的回答。

第三,本书的阴阳论和中国古代的阴阳论的异同是什么?

同样,比较本书的阴阳论和古代的阴阳论是篇哲学大作,而本书任务的着重点在管理,所以无法承担起比较异同这项任务,只能告诉读者本书的阴阳论和古代的阴阳论既有所相同又有所不同。其中最大的不同是,以前从无人运用阴阳论来重新系统构建管理学的决策、人事、领导、协调、控制等基础理论,也从无人用它来系统分析社会管理。

21. 总结

宇宙间万事万物分阴阳,阴阳同层次、同范畴。

阴阳相对平衡,事物就健康地运行发展。

阴阳互根互存。

阴阳可分,以至无穷。

阴阳至极而换,重阴必阳,重阳必阴。

诸对阴阳中有主次之分。

管理整顿的原则是:事急治标,事缓治本,总体是标本兼治。

管理中,阴阳是随目的而分的,同一事物目的相反,阴阳不同。

阴阳相对平衡主"和",矛盾论主"斗",两者主要共性是承认世界是二元的。

阴阳论是二元思维,中庸之道是一元思维。

用阴阳二元相对平衡的哲学指导社会管理,就是建设和谐社会。

用阴阳二元相对平衡的哲学指导组织管理,就是建设和谐组织。

最后送读者一句话:把世界看得太简单,是幼稚;把世界看得太复杂,是世故;把世界由简单看复杂,再由复杂看简单,便是大家。

领导阶层的心身疾病概述

第十九章

19

领导阶层长期处在高压工作环境，经常承受突发事件的巨大冲击，总是面临着左右为难的矛盾决策，还会获得大量负面评价，必须倾听巨量信息的牢骚不满，实时面对各种自相矛盾的请求，甚至卷入无穷的司法纠纷中，而且工作量超时，同时下属上交的问题都是他们百思而不得其解的难题，却要求上级短时间内迅速判明情况、做出决策，甚至是需要瞬间做出决策。所以众所周知，领导阶层是心理疾病高发人群，抑郁症、焦虑症、强迫症、癔症、失眠症、脾气暴躁十分普遍。据一份抽样调查显示，白手起家的创业型企业家曾经得过或正在得抑郁症的比例，竟然超过70%，当然这个数据应该随着宏观环境的严峻或者宽松而有所变化。这个数据是可以理解的，毕竟白手起家为天下最难的事业之一，但这不表明白手起家的创业型企业家心理素质差，因为心理素质的高低须在同等心理压力下比较。据笔者主观观察发现：白手起家的创业型企业家反而是心理素质极高的人群，毕竟敢于把白手起家的想法付诸行动，本身就是心理素质较好的体现。

人们只知道领导阶层心理问题严重，人们不知道的是：心理问题还可以转化成生理疾病，这在领导阶层中也非常严重，最常见的有顽固性头痛、糖尿病、甲状腺肿大、皮肤类疾病。当把这些病当作纯生理疾病去治疗时，效果是非常差的。

我们传统的医学模式是生物医学模式。生物医学模式的基本观点是：每一种疾病都可确定其生物的和理化的特定原因。

生物医学模式确实发挥了巨大的作用，并且还会继续发挥巨大的作用，为保障人类健康做出巨大的贡献，特别是控制了长期肆虐人们的传染病，极大地延长了人类的寿命。如今人类疾病主要由各种慢性非传染病构成，随着寿命的延长，各种疑难杂症式的慢性病越来越多，许多患者在各个医院、各个科室间来回穿梭，但见效不大，这就需要从

根本上进行理论突破,寻找新的方向。

1977年,纽约大学恩格尔教授首次倡导一种新医学模式,即生物、心理、社会医学模式。这个模式提出:疾病不仅有生物因素,而且有心理因素,还有社会因素。

比如顽固性头痛,是令医生十分"头痛"的病,经常是各种治疗手段奏效甚微,病人查CT、做B超、吃药、打封闭针,忙得一塌糊涂,东奔西跑,遍寻名家,却查不出所以然,治疗效果常常有限。其实大约80%的顽固性头痛主要是心理因素导致的,或者是心理因素和生理因素共同导致的,其常见心理因素是患者长期遇到高强度冲突的左右为难之事,比如深爱老公,老公却在外面有"小三"。如果不太爱老公,老公有"小三"是不太会头痛的。又比如深爱老公,自己又出了轨,同时深爱着另外一个男人,这也经常引发头痛。再比如,非常热爱某项工作,但不赚钱,又不是富二代,所以生活非常困难,或者特别特别讨厌某项工作但工资又特别特别高,都会导致头痛。还如,和老公特别恩爱但婆媳矛盾极其严重,且老公特别孝顺父母,也容易形成头痛。还如,某个公司特别赚钱但违法行为特别严重,总经理也易患顽固性头痛。所以上述类型的头痛光靠吃药打针是治不好的。

什么叫社会因素致病呢?再以头痛为例,中国社会文化与欧美社会文化相比,有一个很明显的差异,就是中国社会对性开放口诛笔伐、猛烈批判,绝对是在全世界名列前茅的。从表面上看,中国人的性道德非常保守;但从行为上看,中国人的性行为又十分开放,中国人的出轨率很可能在世界上名列前茅。中国人对红灯区是极其厌恶的,觉得它很脏,法律上也是违法的。实际上呢?红灯区无所不在。中国这种思想教育上和行动上互相矛盾的文化,大大加剧了出轨者的内疚感,也就是说,中国出轨者比欧美出轨者有更高的内疚感,有更大的负罪感,有更强的痛苦感。因此以笔者的个人经验并综合文献推测:中国深爱着丈夫的出轨女性比欧美同样状况的人更容易得顽固性头痛,而且头痛程度更高,这就是疾病的社会因素。

目前心身医学正在快速发展,它不仅强调"病从口入",而且强调"病自心生",也就是说不仅要开生物处方还要开心理处方甚至社会处方。当然社会处方是政治家的事,作为学者只能呼吁和进行理论研究,无法变成实际行动。

在这里提供一个非常重要的数据,欧美心身医学主流意见认为,50%的非传染性内科疾病有心理因素,甚至心理因素是主导因素。这种观念对于本书成书时的2018年的中国广大民众,是十分新鲜的或者是难以接受的。正如电灯引入中国,被广大民众认为是邪气,因为其无油却能放光,从而游行要求政府禁止。又如自来水引入中国,广大民众认为违反了水往低处流的古训,必有邪气,导致全城罢市。以及中国修第一条铁路,民众发现没有马拉,铁疙瘩也会动,必有邪气,集会游行,鼓动政府买下铁路拆掉。还有中国20世纪70年代引入电脑,许多民众认为机器比人脑转得快完全是骗子胡说,等等。这些例子都说明中国与欧美存在观念差距,要让中国主流社会接受"病自心生"的观念,还需要很长的时间。

下面对领导阶层中常见的心身疾病做个概述。

1. 顽固性头痛

顽固性头痛是一种较为常见的心理疾病、生理化的疾病,也是一种广泛性存在的疾病。它的发病原因和种类非常多,所以坊间常常流传这么一句话"病人头痛,医生头痛",可见它的复杂性。顽固性头痛的患者也常常转辗各大医院治疗,但效果常常不明显。

患有顽固性头痛可能是由生理性原因造成的,比如颈椎变形压迫血管导致大脑供血不足,比如血管痉挛等。但也可能是由心理问题导致的。而且顽固性头痛由于心理问题导致的概率非常大,或者心理问题为主的概率是非常大的。比如血管痉挛本身是种生理现象,但是它常常是由心理原因导致的。换句话说,血管痉挛本身也可能是心因性的。

那么形成心因性顽固性头痛的心理原因是什么呢？主要是两点：

（1）在生活中工作中碰到了高度矛盾的事情，左右为难，导致内心高度纠结矛盾。

比如说在婚姻恋爱关系中遇到高度矛盾的事。笔者曾经咨询过一个案例就是如此，某位女士对她的老公既爱之若狂又恨之入骨。她非常爱她的老公，他们是大学开始恋爱的，之后一起打拼创业、白手起家，两人共同经历磨难，她对她老公的才华、性格、人品也是高度认可、高度欣赏，但她老公居然在外面和别人生了一个儿子！这样就爱之深、恨之切！高度矛盾的情感使该女士形成了严重的顽固性头痛。另一个咨询案例也是如此，有个女孩是该男人心目中的女神，从小就追求她，用了很多年，终于追到并结婚修成正果。这个女孩也非常温柔、非常体贴。但是这个女孩有一个问题：特别喜欢赌博，把家里财产几乎输了精光，还到处借钱，搞得他狼狈不堪。要知道夫妻之间财产是共有的，法律上债务也是共担的。他对他老婆使用了各种办法都纠正不过来。爱之若狂，恨之入骨，因此形成顽固性头痛。

不仅感情生活如此，工作中长期处于高度矛盾的心理状态，既非常想往东走，又非常想往西走，也会形成顽固性头痛。

（2）患者非常偏激，常常注意力抓到一个小概率事件或者一个非常局部的方面不容易转移，老盯着这件事情不放，这叫偏执性人格。

偏执性人格的注意力不容易转移，给人的感觉特别固执。

偏执性人格和高度矛盾的心理体验如"爱之若狂，恨之入骨"，这两个因素是造成顽固性头痛的重要的潜意识原因。

另外，顽固性头痛也常常跟体内淋巴 T 细胞数量有关系。

这里举个经典案例：

某一创业总经理，富二代，有顽固性头痛，偏执性人格特征明显，优点是遇到困难不容易退缩，缺点是错误的方向会走得很远。在 15

年前,他不甘心躺在父母的光环下过日子,创业办了个公司,向国外出口女性服装。当时鞠教授就想到,出口女性服装,需要对该国女性消费心理十分熟悉,你作为外国人,在决策时有天然的劣势。该总经理不听,他调动所有的家族资源、社会关系,冒着夫妻离婚的风险硬是干了15年,到现在也没有盈利,并且在此过程当中耗竭家族信用,不断融资,把亲朋好友的关系都转化为资金投入了这个项目。在这15年中,给自己每个月只开3 000元工资,每天6点起床,晚上最早12点钟睡觉,多次想自杀,逢人就说这个项目的辉煌前景。鞠教授观察:实际上是通过不断描绘辉煌前景来缓解内心巨大的焦虑,就像一个超级祥林嫂,周边的人见到他都怕了,但产生了一个意想不到的正面效果,就是通过15年的口头诉说缓解焦虑,他的口才变得异乎寻常地好,说话极富感染力。

该富二代为什么不放弃这个项目呢?这个富二代从25岁干到40岁,他的青春年华、他家的金钱、他的信誉、他的爱情、他的社会关系全搭进了这个项目,他干这个项目本质上不是为了赚钱,而是他人生价值的来源。如果他停止这个项目,无疑是向全世界宣告:他是一个超级大傻瓜!那么他的价值感会迅速枯竭,那他真的没法活了。有人问他:你干得这么苦,想过停止这个项目吗?他回答:不干这个公司?那我只有一条路,就是自杀!

这个富二代常年有着顽固性头痛,全国各地遍寻名医,甚至找过两个院士给他看病,效果甚微,后来偶然遇到鞠教授,投我门下学习变成我弟子,我给他催眠治疗,在潜意识状态给他解释了头痛的原因,催眠指令放松了血管、解除了痉挛,他的头痛迅速缓解。前后12次催眠,自述头痛下降95%。

我又提议他改行搞培训,他的价值感迅速上升,也特别爱讲课,头痛彻底消失。

心因性顽固性头痛特别需要从潜意识层面进行心理治疗。主要的手段是催眠治疗,要在催眠状态分析他头痛的成因,并且放松全身改善微循环,同时用催眠指令解除血管痉挛。另外我常会教他们一种动作,外形有点像太极,但和太极是完全不同的一种自我催眠术,我取名叫鞠门学派身心柔术,通过自我催眠缓解头痛。

2. 原发性高血压

原发性高血压是各类组织领导和高管的常见病。

高血压病中,原发性高血压占了95%以上,估计我国至少有高血压患者1亿人以上,企业家阶层和各类组织高管中患有原发性高血压的人非常多。原发性高血压是个典型的心理因素与生理因素共同导致的疾病,白大衣综合征充分说明了心理因素是导致高血压的重要原因。所谓白大衣综合征,即个体见到穿白大褂的医生血压容易升高。

现代社会节奏加快、竞争加剧、物欲高涨使得人精神高度紧张,所以高血压成了常见病。有统计调查表明:对工作感到满意的人当中,高血压的发生率为3.5%,而对工作不满意的人当中,高血压的发生率为14.4%。职务矛盾最高组和最低组高血压发病率分别为27.5%与4.9%,高压工作如司机、会计、投诉电话接待人员、销售员等得高血压比例显著高于常人。研究还证实,社会地位比较高及社会地位比较低的阶级、收入较高和收入较低的阶级、文化程度高和文化程度低的阶级高血压发生率都比中间阶级高。

另外,有完美主义倾向和责任过度的人都容易得高血压,急躁易怒的人也容易得高血压,高度内向把愤怒隐藏在心里的人也容易得高血压,早年父母管教过严的人也容易得高血压,指责型人格和牛角尖型人格的人也容易得高血压,从小父母冲突激烈的人或父母离婚的人也容易得高血压。

高血压的生理原因是交感神经过度活跃,而主管抑制功能的副交感神经不够活跃,不能有效制约交感神经。心理治疗也要充分考虑交感神经与副交感神经之间的关系,在潜意识层面引导副交感神经活跃。另外,细胞内钠离子过多增加了肌肉细胞的收缩性与反应性,增强了交感神经的活力引起了血压上升,因此引导患者放松是非常重要的。

在高血压治疗中,心理调整与药物治疗并行是比较好的方法,主要的办法有:调整患者的人生哲学、催眠潜意识调整、鞠门学派减压身心柔术、鞠门学派松静冥想和适量运动。当然控制盐的吸取、控制体重和药物治疗也是必要的。

3. 慢性胃炎

慢性胃炎是各类组织领导和高管的常见病。

目前认为,幽门螺杆菌是慢性胃炎的生物原因,但很多人不知道心理因素也是引起慢性胃炎的重要方面,特别是胃体胃炎与自身免疫力有关。

研究表明人焦虑和愤怒时胃酸分泌增加,胃蠕动加速,恐惧和绝望时胃酸分泌减少,胃壁紧张度下降,长期的情绪紧张和心理刺激引起胃的功能失调,幽门括约肌松弛,胆汁反流,从而破坏胃黏膜屏障,氢离子回渗至胃黏膜内引起一系列病理反应而导致慢性胃炎。一般分为浅表性与萎缩性两种类型。

治疗慢性胃炎首先必须选用与幽门螺杆菌相关药物,配合催眠潜意识调整,及鞠门独有的开心身心柔术。

4. 甲状腺肿大与结节

各类组织领导和高管中甲状腺肿大与结节发生率大大高于社会平均水平。

随着体检的普及和超声技术的进步,甲状腺肿大、甲状腺结节的诊断越来越多地出现。近年来,甲状腺结节的发现率更是快速增长,随机人群中甲状腺结节的检出率竟高达40%,女性检出比例高于男性,且多数患者无明显自觉症状。

很多人把甲状腺肿大理解为一个纯粹的生理疾病,这个观点是错

误的。甲状腺肿大也与压力、紧张等心理状态有密切关系。

甲状腺肿大是领导阶层中的一个常见病。甲状腺肿大除了激素等生理原因外，它常见的心理原因主要有哪些呢？

第一，责任心过度。领导阶层的人普遍比社会平均水平利他心偏高，责任心偏强。若非如此，则跟随他们的人就少，就很难做成领导。责任心过度到一定程度，常常会造成心理重压。

第二，受到情绪刺激的频率和强度偏大，使得情绪起伏巨大。比如说当老板的遇到一会儿公司有人来检查了，说公司要罚款1 000万元，公司要关闭。这就是个强刺激，情绪会高度紧张。这个公司的老板、股东去找关系、动脑筋、吃吃喝喝弄弄，一会儿又没事了，情绪也平复下来了。常年这样，公司领导层情绪波动就非常巨大。甲状腺肿大跟外部的刺激、压力的忽高忽低、情绪的巨大波动有很大关系。

那么甲状腺肿大如何做心理调整呢？

用精神类、心理类药物调整，但是作用比较小。

通过专业的催眠师调整患者的潜意识，从而调整疾病；或练鞠门学派独创的身心柔术，做自我催眠，自我心理调整，效果非常好。

5. 糖尿病

许多企业高管都有糖尿病。

很多人认为糖尿病是个纯粹的生理疾病，这是个很大的误解。导致糖尿病的因素中，心理因素的比重非常大，特别是60岁以下得糖尿病的人中，大部分人的致病因素主要是心理因素。

导致糖尿病的心理因素，其具体原因是什么呢？

主要是个体潜意识认为活得太苦了！或者活得太累了！或者活得太烦了！

总之，活得没意思，于是自己无法感觉的潜意识指挥自己早点死！但人又有"生的本能"，求死的信号和求生的信号并存，于是两个信号互相打架，博弈平衡的结果就选择慢性自杀，于是得了糖尿病。

糖尿病有个外号叫慢性癌症,鞠教授把它定义为"典型求死求生并存基本平衡且求死稍赢类型慢性自杀"。

仔细去询问年龄不大(60岁前)得糖尿病者的生活情况,单亲子女、夫妻关系不好、严重婆媳矛盾、工作压力巨大、创业艰难等情况非常常见。

糖尿病的治疗应该以药物治疗和心理调整双管齐下比较好,主要心理调整方法有催眠调整潜意识、鞠门学派的龟形身心柔术及其他的鞠门学派身心柔术。

6. 肥胖症

在各类组织领导和高管中,肥胖极其常见。

所谓肥胖癌,即超过标准体重20%。

许多人认为肥胖是个纯生理现象,这种观点是极其错误的。大多数肥胖有心理原因,且80%以上肥胖心理因素是主导原因,其次才是基因原因。

许多人认为减肥的要诀是"少吃",这基本是句废话,问题的关键是如何能做到"少吃"。

人们为什么要多吃呢?鞠门学派认为人多吃的心理因素有7个,且都藏在潜意识里,外行对这些都难以理解,现在挑一个最好理解的原因解释。

形成肥胖的一个重要心理因素是"烦恼",当人在生活工作中烦恼过多时,潜意识不知不觉地会这样思考:"人生太烦了,不多吃点、多喝点,找点快乐,人活着还有啥意思?"当然,这种思考是潜意识层面的,人在意识层面并不一定知道。

也就是说,肥胖的关键因素之一是:以吃的快乐对冲烦恼。

所以减肥的关键是"减烦"。

笔者本人让入门弟子减肥的效果极其惊人,一个月减十几斤的例子很多很多,办法是催眠减肥并使用鞠门学派身心柔术。

7. 癌症

60岁前得癌与负面情绪有密切的关系,各类组织领导和高管是60岁前得癌高发人群,大大高于社会平均水平。

人的基因里同时有致癌基因和抑癌基因。

以下因素可以激活致癌基因:

当人过多接触黄曲霉素、亚硝酸盐、铅化物、杂环胺化物、铅化物等致癌物,比如过多吃熏制食品、油炸食品特别是反复用的老油炸食品、霉变食品、咸鱼、烧烤食品、隔夜白菜酸菜、槟榔、反复烧的开水、膨化食品(如爆米花)、河(米)粉(放明矾硫酸铅钾的)、粉丝(原因同前)、含铅皮蛋、猪肝(毒素集中)、臭豆腐等;或者过多接触放射性物质,如X射线、伽马射线、含放射颗粒的空气等;或者长期感染某些病毒,如乙型和丙型肝炎、乳头状瘤病毒、幽门螺杆菌等;或者长期缺乏运动,过度肥胖;或者是长期吸烟、吸二手烟,各国数据显示,抽烟者得肺癌的比例是不抽烟者的7～20倍不等,我国是11倍。

但是人遇到上述因素时,不必惊慌,因为关键是剂量的多少,少量的上述因素不会得癌症,因为人体还有抑癌基因,人体每天都有几千新的癌细胞产生,但都被抑癌基因调动的免疫力杀死了!

所以,一般人不会得癌症,那么什么时候抑癌基因失去活力呢?

答案是长期情绪不好,抑癌基因就会停止、失去活力,如果激活致癌基因的因素比较多,癌症就爆发了。

古希腊的珈伦医生曾注意到:忧郁的女子比乐观的女子更易得癌。

19世纪的医生佩吉特说:在牵肠挂肚、忧虑失望的情绪之后,癌症往往会乘虚而入,这样的病例不计其数。

到20世纪50年代,一位名叫劳伦斯·莱香的美国心理学家对一组癌症病人做了调查研究,他发现了一个特点,癌症病人中大多数人从童年起便开始经历失去父母或亲属的悲伤。童年的遭遇养成了他们缄默、少说话的个性，成年后变得不爱交际，缺乏工作的热情和生活的理想。

德国的学者巴尔特鲁施博士调查了 8 000 多位不同的癌症病人，也发现了大多数病人的癌症都发生在失望、孤独、懊丧和其他此类这种严重的精神压力发生时期。

在 20 世纪 80 年代，上海市调查 200 例胃癌病人，发现他们共同存在长期的情绪压抑和家庭不和睦。

北京市有一组资料，用对比方法调查，发现癌症病人中既往有明显的不良心理刺激的高达 76%，而一般病人中有明显不良心理刺激的只有 32%。

以上许多调查研究说明不好的精神、情绪，不良的心理状态、社会刺激因素是强烈的促癌剂。精神与情绪不好有明显的促癌作用，有没有实验加以进一步证明呢？有。有动物实验的例子。

例如，有人对 6 只狗长期人为地制造精神紧张，其中 3 只狗在约 16 岁左右因癌症而死亡，同时还有 4 只狗，饲料相同，在较正常环境中生活，作为对照组。这 4 只狗活到老，没有得癌。这说明实验动物长期的惊慌、恐惧，不能很好休息使抗癌能力降低，比较容易得癌症。

有医生给丈夫因癌症死亡的一批妇女作测定，发现她们身体内可杀伤癌细胞的淋巴细胞的活力明显下降，说明这些妇女的免疫功能是下降的。

所以心理上的不健康，如长期的惊慌、恐惧、悲痛、愤怒、紧张、不满、忧虑、家庭不和睦等，会导致体内的免疫功能下降。免疫功能下降使人较容易生病，也较容易得癌。

在临床上看到这样的例子：在丈夫因病逝世后一两年，妻子因长期郁闷而发生癌症，这是在体内免疫功能降低的情况下发生的。也有的人在生前没有癌症的症状，在死后尸体解剖时发现是癌症病人，这可能是这位病人生前的免疫功能控制住了癌症的发展。还有一位胃

癌病人,手术治疗后很正常地生活了19年,因阑尾炎手术时才发现腹内淋巴结已有癌细胞转移。这说明由于免疫功能正常,病人和癌细胞和平共处了19年。

从心理学的观念看,年龄不大得癌症是个典型的厌世反应,是种特殊的自杀形式,觉得活得没有意思,活得痛苦,活得压力太大,所以不想活了。但是,人又有生存本能,于是想死和想活两种信息打架,结果是想死强度大于想活强度,于是指挥免疫力下降,就得了癌症。

癌症想死超过想活的强度,要大于糖尿病想死超过想活的强度,故死得更快。

癌症的心理干预对延长癌症患者生命、提高其生活质量有着极其明显的效果。本书作者对癌症人群做过大量心理干预,效果显著,主要方法有催眠、鞠门学派抗癌身心柔术等。

8. 抑郁症

抑郁症是一个非常常见的心理问题。抑郁症又称抑郁障碍,以显著而持久的心境低落为主要临床特征,是心境障碍的主要类型。据统计,世界约有3.22亿人患抑郁症。由于中国人心理知识普及性不足,从而患抑郁症时不自知,以及对心理问题有不科学的理解,会把心理疾病与精神分裂症混淆,使得中国抑郁症人数统计难度较大。据估计,近30年来,中国抑郁症患病比例呈快速上升趋势,特别是领导高管阶层,由于长期处于高压状态,抑郁症比例也相对较高。

那么抑郁症的自查和诊断标准是什么呢?

在西方主要是用14条诊断标准,在中国主要是用9条诊断标准。在下面的9条标准当中,出现4条,并且持续两周以上,临床诊断症状成立,就可称为抑郁症。

第一条,兴趣丧失,没有愉快感。很多抑郁症患者会出现兴趣减退的情况,也就是原来喜欢的事情现在没兴趣了或兴趣下降了。比如原来喜欢踢足球的,现在没兴趣了;原来喜欢打麻将的,现在兴趣下降了;等等。

第二条,精力减退,或者感到非常疲劳,或者容易产生疲乏感。抑郁症患者常见精力减退情况,工作学习一会儿就累了,很容易困倦。

第三条,精神运动性迟滞,或激越。翻译成通俗的白话,就是"你变宅了",就不太愿意出门,不太愿意去交际,这就叫精神运动性迟滞。当然也有极少数抑郁症患者变得激越,这很少见。

第四条,自我评价过低,自责、自卑,或有内疚感。抑郁症患者常会出现自责、自卑的情况,更有甚者会认为自己是家人朋友的拖累,认为自己没有什么价值,遇到事情常常会过度责怪自己。

第五条,联想困难或自觉思考能力下降。就是经常有人说的"我觉得这个脑子像生了锈一样转不动"。

第六条,反复出现想死的念头,甚至有自杀自伤的行为。这也是抑郁症患者出现的比较严重的情况。

第七条,睡眠障碍,如失眠、早醒或睡眠过多。抑郁症睡眠障碍中,以早醒最为常见,失眠排第二位,睡眠过多排第三位。睡眠过多常常也是一个抑郁症的反应,常常表示心情抑郁,逃避现实。

第八条,食欲降低或体重明显减轻。这个是指没有源头的体重下降,比如说不是减肥,也没有其他药物影响的情况下,一个月减轻5%以上,并伴随食欲降低,不想吃东西。

第九条,性欲降低。

上述9条中同时出现4条或4条以上,并且持续两周以上的,则可判定为抑郁症。

特别说明:以上是针对普通人的普适性的诊断标准。若对于领导或高管,第六条"反复出现自杀或想死的念头"常常由另外一种形式表现出来——"过度思考人生的意义"。因为对于高管总经理而言,"想死""自杀"会显得太懦弱,他们意识层面很难接受,潜意识层面会自动把这个信息进行"化妆","化妆"成"思考人生的意义",这样就显得更加高档、更加高尚,更有哲学意味,更加吻合他们的身份。所以对于总经理高管阶层判断抑郁症,还需要加上一条"反复思考人生的意义"。

各位读者可以按上述9条自行对照自查,若自我判断可能为抑郁症,请尽早到医院就诊和治疗。比较科学的治疗方法是药物治疗和心理治疗双管齐下,单纯药物治疗复发率大约为70%,单纯心理治疗复发率大约为60%,药物治疗和心理治疗双管齐下复发率约为30%。心理治疗中,笔者推荐是催眠疗法和鞠门学派相对应的身心柔术,特别是开心身心柔术。

9. 强迫症

强迫症的症状主要可归纳为强迫思维和强迫行为。

强迫思维又可以分为强迫观念、强迫情绪及强迫意向,内容多种多样,如反复怀疑门窗是否关紧,碰到脏的东西会不会得病,思考太阳为什么从东边升起、西边落下,站在阳台上就有往下跳的冲动等。强迫行为往往是为了减轻强迫思维产生的焦虑而不得不采取的行动,患者明知是不合理的,但不得不做,比如患者有怀疑门窗是否关紧的想法,相应地就会反复检查门窗、确保安全;碰到脏东西怕得病的患者就会反复洗手以保持干净。一些病程迁延的患者由于经常重复某些动作,久而久之形成了某种程序,比如洗手时一定要从指尖开始洗,连续不断洗到手腕,如果顺序反了或是中间被打断了就要重新开始洗,为此常耗费大量时间,痛苦不堪。

强迫症状具有以下特点:

(1) 是患者自己的思维或冲动,而不是外界强加的。

(2) 必须至少有一种思想或动作仍在被患者徒劳地加以抵制,即使患者已不再对其他症状加以抵制。

(3) 实施动作的想法本身会令患者感到不快(单纯为缓解紧张或焦虑不视为真正意义上的愉快),但如果不实施就会产生极大的焦虑。

（4）想法或冲动总是令人不快地反复出现。

比较科学的治疗方法是药物治疗和心理治疗双管齐下。

10. 焦虑症

焦虑症的含义是个体对未来会发生坏事有强烈的预期，分两种情况：

（1）认为未来会有坏事发生，具体的原因却说不清。

（2）认为未来会有坏事发生，能说出原因，但在旁人看来，问题严重性被过于放大了，或者是常人难以理解的。

以上无论哪种情况，个体对未来风险概率都存在着过于夸大的倾向。它和抑郁症的区别在于：抑郁症是当下情绪极其低落并且对大多数事情没有兴趣，焦虑症是对未来的担心。抑郁症和焦虑症的共生率有60%左右。

焦虑症对未来风险有明显的联想情况，认为A坏事导致B坏事进而导致C坏事。如领导轻微批评，就联想到失去工作，进而联想到会使老婆不满，再联想到夫妻闹离婚，接着会联想到可爱的小女儿被判给老婆，随后又联想到老婆再婚后，可爱的小女儿受到继父虐待。

比较科学的治疗方法是药物治疗和心理治疗双管齐下。

附件1：潜意识概论

所谓潜意识，就是影响人的心理、情绪、行为而自己不知道的意识。

一见钟情就是潜意识中早就有喜欢对方的形象或者气味，比如对方有局部形象或者气味像你早年的邻居大哥哥、大姐姐、父母、老师等。

潜意识主管人的情绪、性格、习惯性行为、心跳、呼吸、直觉。

比如，失恋痛苦是情绪问题，所以是潜意识管理的，你对失恋者进行思想教育常常没有用，因为思想教育是在意识层面沟通而不是潜意识层面沟通。

潜意识主要由四个方面形成：

(1) 天生带来的潜意识。

比如，尾部圆形、丰满的小车在男性中畅销是因为它比较像女性臀部。

又比如，人们喜欢熊猫是因为两个黑大眼眶像孩子（其实熊猫本身眼睛不大，旁边的毛是黑的），你注意观察会发现孩子眼睛普遍偏大，把熊猫大眼眶涂白就不可爱了。

(2) 反复信息暗示或明示输入潜意识，尤其是青少年时代是形成潜意识的重要时代。

比如，总体而言，女孩比男孩疑心病大是因为小时候受到更多的防范教育。

(3) 创伤在潜意识中的沉淀。

比如，女孩的父亲出轨，父母离婚的女孩长大后容易怀疑丈夫。

又比如，离婚单亲男孩和母亲生活，潜意识有男人缺乏感，长大后易成双性恋（20％左右）。

再如，单亲子女易早恋的原因是家里缺了一个人，有爱的缺乏感。

(4) 意识中的某些东西和社会暗示相矛盾。

比如，破坏欲比较强就与社会暗示矛盾，社会暗示认为破坏欲不好，于是破坏欲就移进潜意识，矛盾消除，个体就舒服了。特别喜欢玩保龄球的人破坏欲很强，把那整整齐齐的瓶子砸得稀烂很爽。但破坏欲藏在潜意识里，个体意识会认为玩保龄球只是为了锻炼身体或者娱乐或者其他社会暗示认可的东西。

特别要说明的是，潜意识决定人的主要行为，潜意识决定了人的性格或者人格特征，决定了个体的总体心理反应模式，比如内向外向、乐观悲观、胆大胆小、思考者还是行动者都是由潜意识决定的，潜意识决定性质，意识只是增减数量。

［例1］ 为什么秦始皇、朱元璋、朱温、张献忠都大肆杀人、大杀功

臣？为什么刘秀、李世民、赵匡胤都比较宽容？

答案是：秦始皇、朱元璋、朱温、张献忠早年都动荡不安，潜意识中安全感严重不足，故怀疑心强。刘秀、李世民、赵匡胤青少年生活条件优越，安全感很足，故怀疑心小。

[例2] 为什么中国单亲子女长大后喜欢指责别人？

答案是：中国的离婚文化是不成爱人就成仇人，离婚者互相之间频繁过度指责，子女受到大量重复暗示，长大后喜欢指责人，心理学称为归因朝外。美国这种现象比较少，因为美国的离婚文化是不成爱人还可以成为朋友。

学习本书不可以说："我觉得不是这样。"你在说"我觉得"这3个字时就是在说意识而不是潜意识。因为潜意识是实际影响你，但你不知道的。

附件2：催眠的本质、误区和用处

催眠是个让人误会的词，许多人望文生义地认为催眠是催人入眠的意思，其实催眠的本质是潜意识沟通。

睡眠是潜意识与意识双关闭。

催眠是只关闭意识或者一定程度关闭意识，而潜意识更加开放，进行潜意识沟通，从而改变错误的潜意识，达到心理调整的目的。

所以，催眠时是可以说话的，鞠教授发现80%被催眠者自我感觉是朦胧的，20%左右自我感觉是睡着了的，但其实没有睡着，还在和我沟通。

催眠是最好的调整心理问题的方法，大多数心理问题是潜意识的问题。

比如失恋了，很难受想自杀，而情绪是潜意识控制的，这时和他说：天涯何处无芳草，何必单恋一枝花。这种意识层面的沟通是没有用的，他会说：老师，道理我也懂，可我就是难受、控制不了。而失恋疗伤效果最好的是催眠,常常一两次催眠就精神抖擞,开心乐观,请注意,不是因为催眠忘记了前女友啊,而是在潜意识层面建立了正确的人生观。

催眠的误区有:

(1) 催眠就是睡眠,其中的区别上面已经讲了。

(2) 催眠可能醒不来。这完全是胡说八道,催眠就不是睡眠,没有醒不过来之事,虽然催眠解除一下更好,但不解除会自动消失的,只不过朦胧一会儿。

(3) 催眠可以叫他做啥就做啥。这是流传最广的误区,催眠时叫被催眠者做对自己不利的事是无用的,这是绝对做不到的。比如叫他交出银行卡和密码是绝对不可能成功的,如果可以做到,那心理学教授们岂不发财太容易了?欧美至少有10万人从事心理学研究的人会催眠,那岂不是天下大乱?

潜意识是你自己的潜意识,当然会保护你自己,就像你的手天然会保护你一样,任何对你不利的指令都不会执行。

(4) 催眠可以让人说出不愿意说的隐私。这也是个流传很广的误区,催眠时如果说出隐私对他不利就不会说,原因和上条一样,催眠时之所以会说出隐私,是因为来治疗的人知道说出来有利于治疗,但贪污了多少钱、杀人放火、做了特务、逃了多少税……只要说了有坏处的都不会说的。

(5) 文化程度低的易被催眠。这正好搞反了,文化程度高的易被催眠,因为文化程度高的人想象力丰富,对先进科学技术理解力强,所以容易被催眠。

任何西方先进科学技术或者文明引进中国初期时都会被妖魔化。

催眠经常用在顽固性头疼、原发性高血压、神经性皮炎、癌症心理干预、糖尿病心理干预、消化系统疾病、甲状腺结节、乳房结节、不孕不育、风湿类疾病、流感提升免疫力、网瘾、厌学不去学校、失眠、失恋、亲人去世干预、考前紧张、减肥、戒烟、戒酒、戒赌、自杀、抑郁症、焦虑症、强迫症、学习态度调整、工作态度调整及一切态度调整且对个体有利的方向、心因性慢性肠炎、心因性皮肤瘙痒、心因性阳痿等。

特别是网瘾和厌学性休学以及癌症心理干预,催眠是唯一有效的方法。

催眠经常被误会可以用于解决精神分裂症、提高智商、同性恋,其实是没有效果的。

图书在版编目(CIP)数据

领导心理学/鞠强著. —上海:复旦大学出版社,2018.8 (2021.12 重印)
ISBN 978-7-309-13757-6

Ⅰ. 领… Ⅱ. 鞠… Ⅲ. 领导心理学 Ⅳ. C933

中国版本图书馆 CIP 数据核字(2018)第 140339 号

领导心理学
鞠 强 著
责任编辑/张美芳

复旦大学出版社有限公司出版发行
上海市国权路 579 号 邮编:200433
网址:fupnet@fudanpress.com   http://www.fudanpress.com
门市零售:86-21-65102580   团体订购:86-21-65104505
出版部电话:86-21-65642845
上海华业装潢印刷厂有限公司

开本 787×1092 1/16 印张 15 字数 179 千
2021 年 12 月第 1 版第 3 次印刷
印数 6 201—8 300

ISBN 978-7-309-13757-6/C・365
定价:48.00 元

如有印装质量问题,请向复旦大学出版社有限公司出版部调换。
版权所有 侵权必究